Bildnachweis:
Die Bilder des Textteils: Bernhard Hoëcker, Tobias Zimmermann, Renate Dittmann, Stefanie Seitz, Christian Halang und unsere Geocacher
Illustrationen: Volker Dornemann
Coverfotos: Alexander Moll, Renate Dittmann
Coverkarte: © OpenStreetMap-Mitwirkende

Bibliografische Information der Deutschen Bibliothek:
Die Deutsche Bibliothek verzeichnet diese Publikation in der deutschen Nationalbibliografie. Detaillierte bibliografische Daten sind im Internet über http://dnb.ddb.de abrufbar.

www.reiseliteratur-verlag.de
www.traveldiary.de

Umschlagentwurf & Layout: Jürgen Bold, Jens Freyler, Susanne Dalley
Satz: Jens Freyler
Druck: Standartu Spaustuve

Paperback - ISBN 978-3-944365-29-9
Premium Limited Edition - ISBN 978-3-944365-30-5

Bernhard Hoëcker, Tobias Zimmermann
& andere Geocacher

Neues aus Geocaching

Geschichten von draußen

Vorwort

Wir cachen jetzt seit 2005. Für alle, die noch nie davon gehört haben: Geocaching ist eine moderne Schnitzeljagd, bei der die „Cacher“ mit GPS-Navigationsgeräten durch Feld und Flur stapfen und an vorgegebenen Koordinaten einen Hinweis finden, der sie letztlich zu einer kleinen Dose mit einem „Logbuch“ führt. Dort trägt man sich ein wie in einem Gipfel- oder Gästebuch.
Im ersten Werk „Aufzeichnungen eines Schnitzeljägers“ sind Geschichten aus unseren Anfangsjahren zu finden. Zu dieser Zeit hatte kaum jemand etwas von diesen Menschen gehört, die auch schon mal nachts durch den Wald oder über verlassene Industrieanlagen streifen, um kleine Plastikbehältnisse zu finden. Inzwischen ist die Cachergemeinde stark angewachsen und mit jedem neuen Cacher gibt es einen kreativen Geist mehr, der unser Hobby mit neuen Ideen bereichert.
Jetzt folgt hier eine weitere Sammlung mit Cacheerlebnissen. Und weil das Spektrum der Möglichkeiten so breit geworden ist und weil wir immer neugierig auf die Geschichten vom Verstecken und Suchen anderer Cacher sind, wollten wir in diesem Buch auch andere Autoren zu Wort kommen lassen.
Zunächst haben viele begeisterte Gastautoren ihre Geschichten auf unserer Webseite zur öffentlichen Abstimmung eingestellt. Hinzu kamen Bewertungen vom Verlag, einer Fachjournalistin und von uns. Die fünf punktereichsten Geschichten hieraus sind in dieses Buch gewandert. Allerdings haben wir es uns nicht nehmen lassen, drei weiteren Werken, die uns besonders gut gefallen haben, in diktatorischem Allmachtsgebaren einfach zusätzlich eine Veröffentlichung angedeihen zu lassen.
Wir möchten uns bei allen, die ihre Geschichten mit uns und der Welt der Dosensucher geteilt haben, herzlich bedanken! Es war uns eine große Freude, all diese Geschichten zu lesen!
Unsere Reise- und Cacheberichte sind alles andere als frei erfunden und Ähnlichkeiten mit real existierenden Cachern mehr als beabsichtigt. Trotzdem kann es passieren, dass bestimmte Momente in unserer Erinnerung zu etwas Großem anwachsen und mit einer kleinen Übertreibung Einzug in die Geschichten halten.

Bis bald im Wald! Bernhard und Tobi

Inhalt

Dosen leicht gehoben

Bernhard Hoëcker

Von DEM Cacher zu sprechen ist ungefähr so, wie von DEM Radfahrer. Das Wort beschreibt eigentlich nur die menschliche Hülle eines komplexen Geistes, der sich der Suche nach etwas Außergewöhnlichem verschrieben hat. Und dieser Geist ist natürlich nicht statisch, er ist ständig in Bewegung und vor allem im Wandel.

Am Anfang freut sich wohl jeder über die große Kiste an der Baumwurzel, jubelt über Plastik an der Leitplanke und teilt aller Welt mit, dass er unter der Parkbank eine Filmdose gefunden hat. Dann setzt ein Prozess der Veränderung ein. Das Glücksgefühl bleibt aus, wenn man mal wieder unter ein paar Stöckchen nur einen Petling findet. Also wird die Schlagzahl erhöht. Es müssen mehrere Dosen am Tag sein. Zuerst ist es ein Mikrofeld, dann wird irgendwann ein Powertrail erledigt.

Auch die Freude an der Plastikbox nach dem einstündigen Spaziergang im Wald verliert an Reiz. Man spaziert zwei Stunden, sucht dreistündige Multis und schließlich fordert man sich mit Ganztagestouren.

Und so erging es auch mir. Ein Gang in den Wald für den neuen Tradi ist nicht mehr besonders reizvoll. Beim Hundespaziergang Dosen zu suchen versteht sich natürlich von selbst... Aber ich mache lieber einen schweren Multi als viele kleine Tradis.

Dieser Grundsatz gilt selbstverständlich auch im Urlaub.

Ein neuer Sommer steht vor der Tür. Und wie immer überlege ich, wo es diesmal hingehen soll.

Genau genommen überlege ich meist, warum ich mit der Urlaubsplanung nicht vorher angefangen habe. Also bereits im Herbst des Vorjahres über den Sommer des Folge... ach egal.

Für alle, die sich auch erst jetzt entscheiden, sei mein persönliches Urlaubshighlight erwähnt: Die Rosengartengruppe in Südtirol. Die Felsen dieser „Bleichen Berge“ ragen teils schroff

in die Höhe. Von Wanderwegen durchzogen ist dieses hochalpine Bergmassiv in den Dolomiten mit seinem mit 3.004 Meter höchsten Berg, dem Kesselkogel, ein hervorragendes Ziel für Freunde der bergwandernden Beschäftigung. Ein Ort, an dem meine Seele nicht nur ein bisschen baumeln kann, sondern von mir schwindelerregend tief abgeseilt wird.
Und kaum ist ein Ziel auch nur planungsnah, wird nach potentiellen Dosen gesucht. So wird aus einer einfachen Wanderung direkt eine Expedition. Wir Cacher stecken nicht nur unsere Fahne in den Gipfelschnee, wir verstecken und suchen dort den kleinen Schatz, das große Extra. Da wo andere schon angekommen sind, geht es für uns erst los. Während andere Wanderer sich zurücklehnen und ihre Stulle essen, fangen wir an zu suchen, drehen Steine um und greifen in Felsspalten.

Für die Sommerferien hatte ich mich mit befreundeten Cachern - einige davon richtige Alpin-Bergwelt-Gipfelichkriegeuchalle-Profis - zum Hochgebirgswandern verabredet. Eine Hüttentour stand an.
Es war schon immer mein Traum, einmal nur mit einem Rucksack von Hütte zu Hütte zu ziehen, als Städter einmal das Gefühl zu haben, wie Reinhold Messner durch unbezwungene Landschaften zu streifen, Sturm, Regen und sämtlichen Stress des Alltags hinter mir zu lassen. Sich einfach treiben lassen, einem Ziel langsam, Schritt für Schritt näher zu kommen.
Bereits die Vorbereitung war Erholung pur: Da wir unser ganzes Gepäck mittragen mussten und nicht wie andere Zivilisations-Abenteurer Taschen und Schlafsäcke per Auto von Herberge zu Herberge kutschieren lassen wollten, gaben wir uns die Aufgabe, mit minimalstem Gepäck zu laufen, also maximale Gewichtseinsparung zu praktizieren. Gedankenspiele solcher Art erfüllen mich mit maximaler Freude.
Sieben Kilo Gepäck müssen für fünf Tage reichen. Jedes Gramm mehr schneidet Striemen in die Schultern, zieht dich unbarmherzig ins Tal zurück. Eine Exceltabelle erleichterte die Vorberei-

tung, ihr Ergebnis stimmte aber nie mit der Zahl auf der Waage überein. Die musste kaputt sein, die Waage.
Das Hauptgewicht waren Helm, Klettersteigset und Gurt. Der Rest bestand aus einer Hose (am Körper), zwei ultraschnelltrocknenden T-Shirts, zwei Sportunterho... (niemand hat mir gesagt, dass die SO bescheuert aussehen, Feinripp ist dagegen hocherotisches Accessoire) und einer Regenjacke für „wenns mal regnen tun sollte", wie mir unser Ruhrgebietscacherkumpelkollege zuraunte.
Und natürlich das GPS-Gerät.
Am Abend vor dem Start verglichen wir im Hotel unser Gepäck. Das erste, was die Profis bei mir aussortierten, war die Plastikhülle, in der die Batterien geschützt aufgehoben werden sollten: „Zuviel Gewicht! Findeste später auch so."
Dann verschwand meine Zahnpasta: „Nimm meine, wir wechseln uns ab. Und wie du aus dem Mund riechst ist da draußen, zwischen den Felsen der einsamen Bergwelt, eh egal."
Die Ersatzschnürsenkel: „Hab ich noch nie gehört, dass die reißen!"
Müsliriegel: „Gibts auf jeder Hütte neue."
Münzgeld: „Papiergeld und Karten. Oder wir lassen dich zurück."
Zu guter Letzt wurde noch der Aufkleber mit meinem Namen auf den Wanderstöcken abgekratzt. Wohl weniger wegen Gewicht, mehr wegen peinlich.

Der erste Tag war sehr einfach. Ein leichter Anstieg zum Lift und unterwegs, quasi neben der Straße, knapp ein Liter Luft, umgeben von Plastik, gefüllt mit Büchlein und Stift.
Im Vorfeld hatte ich ein GPX-File erstellt, in dem alle Strecken, wichtige Wegpunkte und natürlich auch die Dosen zu sehen waren. Als Tracks miteinander verbunden, hatte ich so Tag für Tag einen klaren Plan vor Augen.
Der zweite Tag war dann „nur" eine Wanderung durch eine Scharte. Unfassbar wie lange sich so ein Anstieg anfühlen kann.

Nach einer kurzen Hüttenjause blieben noch drei Stunden Höhenweg zur Hütte.
Tag Drei: Gipfelsturm mit Dose, deren Fund wir freundlicherweise einem polnischen jungen Mann überließen. Natürlich wussten wir genau, wo die Dose lag. Aber es erfüllte ihn mit Stolz und wir haben gönnerhaft an anderen Stellen gesucht. AAAAHRRG! Geloggt haben wir natürlich auch.
Dann kam der Tag Vier.
Wir wollten auf den Gipfel des Kesselkogels. 1.500 Höhenmeter lagen vor uns, der höchste Punkt unserer Hüttenwanderung. Das war quasi der Höhepunkt des Urlaubs, der Gipfel der Tour. Und auf dem Berg sollte eine Dose liegen.
Alles fing mit dem Abstieg von unserer Herberge ins Tal an, 800 Höhenmeter unter die Baumgrenze, dann einen Bachlauf entlang bis zu einem Wegweiser, der uns nach rechts in den Hang führte. Jetzt standen drei Stunden Anstieg an. Vor mir lag der Berg, wie eine große Mauer sagte jeder einzelne Felsblock „Versuch es! Trau Dich!"
Trotzig starrte ich zurück und dachte: „Denk nur nicht, du würdest mich klein kriegen!"
„Ich habe dich gehört!", sagte der Berg, „ich werde dir Geröll unter die Füße legen, auf dass du wie Sisyphos immer wieder ins Tal rutschen wirst."
„Ha, du Berg du, du bist nicht mehr als ein Haufen gepresster Sand. Ich werde der stete Tropfen sein, der dich aushöhlt!"
„Na dann mal los!", forderte er mich auf.
Und los ging es, ich würde nicht stehen bleiben, sondern immer, immer weiter gehen. Ich setzte den ersten Schritt. Der Berg lachte, „haha, das ist der erste..."
„... und es werden viele folgen!", endete ich.
Schritt für Schritt stapfte ich den Pfad entlang. Am Anfang federte eine Schicht aus Tannennadeln jeden meiner Schritte ab. Bäume, die rechts und links des Weges standen, spendeten mir Schatten. Doch mit jedem Höhenmeter wurde der Bewuchs kleiner. Aus Bäumen wurden Sträucher, aus Sträuchern wurden Gräser.

Der Boden wurde jetzt steiniger, war aber wegen der festgetretenen Erde noch leicht zu begehen. Hin und wieder gab es ein Stück Wiese, das dem Fuß Erholung gönnte.

Doch nun fuhr der Berg härtere Geschütze auf. Wasser hatte sich ebenfalls den Weg durchs Geröll gesucht und die Erde weggespült. Die Wiese verschwand vollends und das schroffe Gestein kam zum Vorschein.

Es ging immer weiter, den Bergkamm fest vor Augen, immer im gleichen Takt. Es hatte sich nur leider bei mir ein Ohrwurm festgesetzt, jedesmal wenn es den Berg rauf ging, kam er zum Vorschein. Ich wäre froh, wenn ich wenigstens mit einem Song von Phil Collins aufwarten könnte oder gar mit einem Menuett aus dem 18. Jahrhundert, nein es ist das weniger anspruchsvolle Lied:

„Scheiß egal, scheiß egal, ob du Huhn bist oder Hahn. Wenn du Huhn bist musst du Eier legen können, wenn du Hahn bist auf die Hühner springen können ...“

Diese zwei Zeilen im Ohrwurmloop haben mich begleitet, Schritt für Schritt, Stein für Stein, Höhenmeter für Höhenmeter.

Dann näherte ich mich dem Grat. Er ist ein wichtiger Wegpunkt bis zum Gipfel. Hier würde ich stehen bleiben und dem Berg sagen: „Siehst du, ich kann dich besiegen.“

Doch er setzte mir noch eine letzte Aufgabe. Der Boden wurde immer steiniger, bis er schließlich in eine einzige Geröllhalde zerbröselt war. Bei jedem Tritt rutschte ich wieder ein paar Zentimeter zurück, so waren die letzten Meter mehrfach zu erwandern.

Doch endlich hatte ich es geschafft. Ich stand auf dem Grat.

Ich schaute zum Berg und zeigte ihm meine Faust. Es muss ihn sehr beeindruckt haben, die Sonne im Rücken, die Hand nach oben gestreckt. Ich rief ihm entgegen: „Sieh her, Berg! Du hast es versucht! Ist das alles was du aufzubieten hast? Zeig dich, Feigling!“

Stolz stand ich da, der Wind wehte durch mein schütteres Haar! Alpenkrähen kreisten über meinem Haupt. Schweiß rann meine Haut hinab, aber meine Brust hob und senkte sich mit jedem Atemzug, dem Atemzug eines Siegers.

Meine Cacherkumpel kamen schnaufend um die letzte Kurve der Serpentinen. Schwitzend stand das Ruhrgebiet neben mir und keuchte: „So, die Hälfte haben wir."
Ich starrte zum Berg und meinte, ihn lächeln zu sehen.
Aber es blieb mir keine Wahl. Wir gingen einen Ziehweg entlang und erreichten eine Hütte. Mehrere Wanderwege verschiedenster Schwierigkeit trafen sich hier. Eine bewirtschaftete Hütte bot den müden Körpern der Wanderer Rast, Entspannung und die Möglichkeit, die körpereigenen Energietanks wieder aufzufüllen. Bei Nudeln, Kaffee und Cola wurde viel geredet über die Abenteuer und Wanderungen, die man an anderen Tagen erlebt hatte und die natürlich viel, viel anspruchsvoller waren als das heute hier...
Nachdem Kohlenhydrate, Koffein und Zucker dem Körper zugeführt worden waren, ging es weiter.
Wir ließen uns mit den anderen Wanderern treiben und folgten dem Pfad am Hang des Berges entlang.
Dann trennten sich die Wege. All die Menschen, die nur den kleinen Ausflug suchten, die mal eben kurz ums Eck gingen, die schnell ne Runde drehten, gingen weiter. Doch für die ganz Harten unter den Harten, also die Männer unter den Männern, genau genommen die Helden unter den Helden, führte der Weg rechts in den Hang hinein.
Wir stiegen in unsere Klettergurte, knoteten die Karabiner fest und stapften los. Den Gipfel mit seiner Dose vor Augen, hatten wir die Kraft im Körper, um über Geröllhalden zu gehen, Felsen zu umrunden und Steine zu übersteigen. Zumindest eine halbe Stunde lang, dann stellten wir fest, dass wir uns verstiegen hatten.
War da nicht ein Weg auf dem GPS-Gerät oder war es vielleicht doch nur eine Höhenlinie? Warum war da eine Markierung auf dem Felsblock oder war das doch eher Moos? Und warum sahen wir einen anderen Klettersteigsteiger viel weiter oben?
Ich hörte ein Lachen und schaute aus dem Augenwinkel zum Gipfel. War das ein Mittelfinger, den mir der Berg da zeigte oder war es doch nur eine Felsnase?

Wir kehrten um und fanden den richtigen Einstieg. Von nun an ging es besser. Der Weg war ausgetreten und irgendwann kamen die ersten Metallösen und Stahlseile an der Wand. Das war ein doch recht sicheres Zeichen, dass es hier den Berg zu erklimmen galt.

Mit dem Gurt um die Hüfte und den Karabinern in der Hand ging es los. Ab jetzt sind Höhenmeter nicht mehr so schwer zu überwinden, da man ständig klettert und aufsteigt, das Gehirn also kaum die Möglichkeit hat, sich zu vergegenwärtigen, was hinter oder gar vor einem liegt.

Nur hin und wieder, wenn man die Felswand empor schaut, wird einem klar, was man eigentlich vor hat. Das Gipfelkreuz reckt sich empor wie die Hand des Ungetümes aus Stein. Und in der Hand hält es den Schatz, die Dose, das Ziel! Und mit einem „komm, hol's dir" grinst mich der Gipfel an.

Weiter ging es, Band für Band, Kehre für Kehre, Felsvorsprung für Felsvorsprung.

Schließlich, wir glaubten schon nicht mehr daran, waren es nur noch zwei oder drei kräftige Züge mit den Armen, nur noch wenige Schritte mit den Füßen und wir hatten den Gipfel erreicht.

Jetzt ging es auf dem Gipfelgrat entlang auf das Kreuz zu, auf das Ziel. Langsam wurde es größer, dann stand ich davor. Ich streckte meine Hand aus und berührte es.

Demütig senkte ich meinen Blick und zollte so dem geschlagenen Gegner, dem Berg, meinen Respekt. Dieser gratulierte höflich und schenkte uns zum Dank einen gigantischen Ausblick über den gesamten Rosengarten.

Wir ließen uns nieder, schauten uns um, und waren erleichtert. Es wehte ein laues Lüftchen, gleißendes Sonnenlicht erwärmte mein Gesicht. Ich schloss die Augen. Ruhe kehrte ein. Erleichterung und Zufriedenheit machten sich breit.

Aber plötzlich war es da, ein Zucken im Auge, ein Zittern in der Hand, ein Zappeln in den Beinen. Irgendetwas wollte der Körper, was der Geist bereits vergessen hatte.

Doch als das Schwitzen einsetzte und der Blick vernebelt schien, kam es mir zu Bewusstsein: DER CACHE!
Die Suche begann. Irgendwo musste er doch sein. Das GPS-Gerät zeigte gerade mal 5 Meter Abstand, auf dem Gipfel dürfte das Problem von Signalschatten ja nicht bestehen.
Voller Verzweiflung wurden die Suchversuche immer alberner, ich erkletterte sogar das Gipfelkreuz und schaute von oben in das Metallgebilde. Nichts.
War der Cache im Laufe der Zeit unter Steinen begraben? Ein „sepultura de pedra“, wie der Brasilianer sagen würde?
Irgendwann dämmerte mir was. Als ich das große Urlaubs-GPX-File zusammengeschustert hatte, mit Hütten, Wegen und Dosen, hatte ich teilweise Korrekturen vorgenommen: Das ein oder andere Gipfelkreuz hatte ich bei Google Earth korrigiert und manches Hüttensymbol passend zum Satellitenbild verschoben. Sollte ich vielleicht versehentlich das Sakrileg begangen haben und den Mauspfeil auf das Cachesymbol... und dann die linke Taste gedrückt haltend...?

Es gab nur einen Ausweg. Wir mussten eine SMS verschicken. Sicherheitshalber kletterte ich wieder auf das Kreuz. Jedes mBit Geschwindigkeit war hier von großem Nutzen.
Kurze Zeit später hatten wir die Lösung: Der Cache lag 200 Meter weiter nördlich, leider links des Grates. Hätte der Name des Caches „Blick auf den Kesselkogel“ gelautet, wäre uns unterwegs schon aufgegangen, dass man wohl nicht ganz nach oben muss. Aber nur „Kesselkogel“...
So machten wir uns an den Abstieg.
Die korrekten Koordinaten immer auf dem Display, ging es Meter um Meter nach unten.
Drei Stunden später standen wir vor der Hütte am Fuße des Berges. Der Rest unseres Teams war bereits seit einiger Zeit da und trank Weizenbier und Apfelschorle und aß Törtchen mit Sahne.

Mit wahnsinnigem Blick fingen wir an, die Dose zu suchen.
„Da hinten! Wir haben schon geloggt, da kamen eben noch andere Cacher mit uns um den Berg herum. War's bei Euch schön?"

Abschließend und mit dem nötigen emotionalen Abstand muss man natürlich sagen: Die Wanderung war unfassbar schön, die Landschaft verkarstet, die Strecke verlief oberhalb der Baumgrenze, die Anstiege waren steil. Es war sehr anstrengend, aber ich habe es geschafft. Das ergab zwar nur drei Statistikpunkte, aber mit welchen Erinnerungen!
Die Gepäckauswahl war perfekt, einmal Wechselklamotten und die tägliche Reinigung war trotzdem kein Problem: Ich habe abends im Wandershirt geduscht und somit das über dem Musculus Pectoralis Major aufgespannte Kleidungsstück direkt mit dem Haarshampoo am Körper reinigen können. In der Stube trocknete es dann während der Vesper vor sich hin. Die Regenjacke wurde nur einmal benutzt und das Klettersteiggeraffel hing eh zum Großteil an meinem Körper und lag nicht im Rucksack. So konnte es die ganze Zeit vor sich hinklappern und mir das

Hier ahme ich den Schrei eines seltenen Bergrabens nach.

Gefühl geben, ein echter Bergprofi zu sein, auch wenn es gerade erst eine Woche her war, dass ich meinen Globetrottergutschein eingelöst hatte.
Nur als ich bei einsetzender Dämmerung die Batterien meiner Taschenlampe wechseln wollte, brauchte ich gefühlte zwei Stunden, bis ich die richtigen zusammen hatte. Erst habe ich die zweite nicht gefunden, dann dummerweise eine verwendet, die bereits leer war, aber in den Rucksack als neu vermutet geworfen wurde, und hatte immer noch kein Licht.
Die Zahnpasta wurde nicht benutzt, weil wir nie zusammen in einer Kammer geschlafen haben.
Weil ich mir die Zähne nur selten geputzt habe, kam ich ständig in die Abteilung für Mundgeruch, zu den Leuten, die aufgrund ihrer Bartlänge und den darin verhedderten alpinen Flechten wohl direkt aus den Anden angelatscht kamen.
Meine Schuhe wurden immer lockerer, da ich nachher verbliebene 12 cm Schnürsenkel auf zwei Füße verteilen musste.
Ab dem dritten Tag litt ich an akutem Zuckermangel, weil die Müsliriegelausstattung der Hütten dann doch anders war als vermutet.
Und meine Wanderstöcke hab ich bereits am ersten Tag in der Hütte liegen lassen.

Trotzdem: Die Dolomiten sind und bleiben eines der schönsten Ziele zum Wandern und zum Klettersteigen und zum Cachen.
Also: Fahrt hin und nehmt möglichst wenig Gepäck mit, vor allem auf Stöcke könnt ihr verzichten, da stehen noch welche rum. Nehmt sie mit, es merkt eh keiner, das Namensschild ist abgekratzt...
Und Finger weg von Cachesymbolen in GPX-Files!

Ungeheuerliche Ereignisse

Oliver Ultsch

Knapp ein Jahr nach Anmeldung auf geocaching.com und nach etwas mehr als 500 Caches machten wir uns an einem frühen Oktobermorgen in das 50 km entfernte Lehesten auf. Wir, das sind die füllbachfraggles, ein Paar mit Anfang 30, das durch die übliche Mundpropaganda zum Cachen gekommen ist und die Natur genauso genießt wie das Erfolgserlebnis, Dosen zu suchen und zu finden.

fuellbachfraggles

Gefundene Geocaches: 1.486

Geloggte Trackables: 385

Entferntester Fund: GC21NTN West Mediterranean Cruise Caches (Sizilien)

„Geocaching - für uns einfach (ent)spannend!“

Der Oertelsbruch. Unser erster Lost Place. Ein Ruf wie Donnerhall in der Cachergemeinde. Ein kleines Dorf, das dem Verfall preisgegeben wurde. Alter Schieferbergbau, nach der Grenzöffnung geschlossen. Eine alte Villa, Stuckdecken, in den Bädern die vergilbten Pin-Up-Girls aus den Männerzeitschriften. Ein großes Areal mit unendlich viel Sehenswertem. Es war Herbst, und in der vergangenen Nacht gab es den ersten Frost. Hier oben, auf fast 700 Höhenmetern, glitzerten weiße Wiesen. Die Temperaturen waren gerade eben wieder knapp über Null Grad.

Eine Viertelstunde vor dem vereinbarten Zeitpunkt standen wir bereits auf dem Parkplatz. Dort hatten wir uns mit drei weiteren Cachern aus der Heimat verabredet. Von der 40-minütigen Fahrt hierher, wo wohl bald der Winter einkehren würde, war das Auto schön aufgewärmt. Im Thüringer Wald gibt`s nur zwei Jahreszeiten: Winter und … harte Winter. So lautet ein bekanntes und stimmiges Sprichwort.

Direkt um uns herum drei Gebäude, die bereits eine Kostprobe dieser Location gaben. Zersplitterte Fensterscheiben, schräg hängende Dachbalken, auf dem Boden liegende Dachziegel, verrostete Metallstreben, meterhohes Unkraut. Eine seltsame und bedrückende Atmosphäre.

Ein Fuchs trottete über die Straße, die wenige Meter entfernt in ein Waldstück führt, das keinen Blick mehr auf die nächsten Gebäude des Geländes zulässt.

Im Rückspiegel sahen wir ein Auto einbiegen. Super, die anderen kommen schon. 8:51 Uhr. Wir drehten uns um, blickten durch die Heckscheibe nach draußen und waren bereits versucht, die Türen zu öffnen und unsere Wanderschuhe anzuziehen.

Das Fahrzeug, ein alter Golf. Wunsiedeler Kennzeichen. Der stechende Blick des Fahrers schien unser Fahrzeug gar nicht wahrzunehmen. Der nächste VW bog ein. Und noch einer. Wie an einer Perlenschnur aufgereiht, gehörten diese scheinbar alle zusammen. Und es wollte gar kein Ende nehmen. Alle miteinander bogen von der Hauptstraße ab, fuhren an uns vorbei und wurden von dem dunkel und bedrohlich wirkenden Waldstück, das sich östlich von uns befand, nahezu verschluckt.

Was wurde hier gespielt? Sie fuhren genau den Weg entlang, den wir wohl gleich ebenfalls gehen mussten.

Wenn man die fehlende Haarpracht des ersten Fahrers beachtete, war zu befürchten, dass hier womöglich ein politisches Treffen stattfinden wird. Die dunklen Rollkragenpullover der meisten seiner Begleiter hingegen ließen noch Schlimmeres befürchten:

vielleicht ein Kultritual? Sollten die Geister der verstorbenen Schieferbergwerksmitarbeiter beschworen werden? Oder war gar eine dunkle Messe mit Opferung des Fuchses geplant? Wussten diese Menschen etwa davon, dass sich hier ab und an ein Mensch mit einem GPS-Gerät verirrt und hatten uns bereits für ihre schwarze Messe eingeplant?

Die vielen Fragezeichen über unseren Köpfen spielten Fangen, während wir auf unsere Mitcacher warteten. Wir zählten etwa 20 Autos, allesamt mit Kennzeichen aus der Umgebung, also direkt aus dem Dreiländereck Franken / Thüringen / Sachsen. Und dass es sich um ein Treffen der Marktleiter der „EDEKA Nordbayern – Sachsen – Thüringen mbH" handelte, schlossen wir einfach mal im Voraus aus.

Erleichtert stellten wir fest, dass das nächste eintreffende Fahrzeug zu unserer heiß ersehnten Unterstützung gehörte. Das „Guten Morgen" von uns klang im ersten Moment etwas härter als gewohnt und nachdem wir die anderen drei kurz über die Ereignisse der letzten zehn Minuten unterrichtet hatten, sanken die Temperaturen kurzzeitig wieder in den Minusbereich. Was tun?

Die Entscheidung war schnell gefallen. Und zwar, uns erst einmal etwas vorzutasten. Wie sich herausstellte, lagen die ersten Stages direkt in Parkplatznähe. Daher nahmen wir diese gemeinsam in Augenschein und machten uns dann langsam hinauf in Richtung „Dorfmitte". Ein letzter banger Blick auf den Parkplatz zeigte uns, dass wir wohl vorerst die einzigen Cacher bleiben werden. Schnell studierten wir nochmals online die letzten Logs. War da vielleicht eine Notiz, dass man dieses Areal heute lieber meiden sollte?

Nein. Es war und blieb mysteriös.

Ein altes überdimensioniertes Garagentor, an dem die Suche nach einem Petling etwas länger dauerte, war die letzte Stage, die wir bergen konnten, ohne gesehen zu werden.

Ein kleiner Trampelpfad führte aus dem „sicheren" Waldstück hinauf auf die offene Fläche.

Ein ständiges Brummen lag in der Luft und machte uns unruhig. Verunsichert und besonders achtsam gingen wir weiter. Der ansteigende Fußweg war mit kleinen Holzbrettern angelegt und stellte eine Art Treppe dar. „Stairway to Heaven" oder „Highway to Hell?"

Nun hieß es: Sind wir Cacher oder sind wir Weicheier? Wir sind ja nicht diese Strecke gefahren, um dann abzubrechen. Aber auch nicht, um dieses Gelände nie wieder lebend zu verlassen und stattdessen als Geiseln in einem dunklen Kellerloch zu verhungern bis aus diesem Lost Place unser last place wird! Die Unruhe wuchs, auch wenn es keiner von uns Fünfen zugeben wollte.

Der coole, draufgängerische Cacher in uns siegte. Wenn uns da oben jemand begegnet, könnten wir uns ja als Wanderer ausgeben, die sich verirrt haben. Dann wären die bestimmt froh, uns zeitnah wieder loszuwerden und würden uns den Weg zurück in die Zivilisation zeigen. Die letzten Treppenstufen vor uns, sahen wir uns ein letztes Mal gegenseitig an, blickten Richtung Parkplatz und als wohl jeder von uns bereits das Wort „Rückzug" auf den Lippen hatte, durchbrach eine fremde Stimme unseren Moment des Innehaltens.

„Seid ihr… solche Cacher?", hörten wir jemanden ganz unerwartet von der Seite zu uns sprechen. Ein junger Mann stand direkt neben uns und wirkte im ersten Moment ganz freundlich. Aha, die haben tatsächlich auf uns gewartet, dachten wir. Mir schoss bereits durch den Kopf, wer aus unserem Team uns verraten hatte und bereits dabei war zu türmen. Aber was brachten die ganzen Gedanken, der nette Herr wartete auf eine Antwort.

Unser ältestes Teammitglied antwortete so ausführlich, wie es ihm in diesem Moment möglich war: „JA!"

Eigentlich müsste man jetzt hier eine dramaturgische Stille einbauen, aber das ging nicht, da ein Kompressor dröhnend unmittelbar neben uns stand, jeden Hilfeschrei übertönt hätte und zwischenzeitlich weitere Personen auf uns aufmerksam geworden waren.

„Ich hab den Cache hier auch schon gemacht. Mit ein paar Kumpels! War echt cool. Von damals kenn ich auch diesen Lost Place!" Cache? Es scheint wirklich einer von uns zu sein. Ein Eingeweihter. Kein Muggel. Wir waren kurz davor, ihn zu umarmen und ein Lied von den Dosenfischern anzustimmen, so als letzter absoluter Test, aber unser Misstrauen war noch immer nicht verschwunden.

Als er aus dem Schatten des Baumes heraustrat, fiel die herbstlich rote Mittagssonne auf sein Gesicht. Eine grausam entstellte Fratze offenbarte sich. Aus einem Schnitt in der Wange tropfte Blut auf die Schulter, schwarze Zähne waren hinter den trocknen Lippen zu erkennen und rohes, verschorftes Fleisch zeigte die Stellen an, wo wohl ganze Haarbüschel ausgerissen worden waren.

Hinter ihm sahen wir nun noch weitere Lebewesen mit blutverschmierten Gesichtern. Alle waren in schwarze Kutten oder Umhänge gehüllt und blickten uns aus seltsam abwesenden Augen an. Das Blut an den Macheten und Schlagstöcken, die sie mit sich trugen, war bereits eingetrocknet.

Und es kamen immer mehr. Etwa fünfzig Meter vor uns stand eine Halle, die nach hinten direkt in den Berg zu münden schien.

Hoffentlich nimmt das kein böses Final!

Eine weitere Horde Untoter trottete von dort aus in unsere Richtung, kaum zu sehen wegen der tiefstehenden, uns nun blendenden Sonne. Es dauerte einen Moment, bis wir wieder einen klaren Gedanken fassen konnten.

Wir zitterten am ganzen Körper. Der Schweiß lief uns von der Stirn direkt in die Augen und trübte unseren Blick noch mehr. Was war das hier? Frankensteins neues Labor? Waren das außerirdische Zombies, die nun heute, endlich, nach jahrelangen Vorbereitungen von hier aus auf die Menschheit losgelassen werden sollten? Ein schneller Tod schien unvermeidbar. Denn keiner von uns rührte sich vom Fleck. Alles um uns herum wurde ausgeblendet, der Blick in einer Art Trance auf die ruckhaften Bewegungen dieser furchtbaren Gestalten geheftet.

Plötzlich kehrte Stille ein. Der Kompressor wurde schlagartig leise und verstummte.

„Cut! Cut! Das Teil ist viel zu laut", rief es von links hinten hervor. Die Gestalten wendeten sich wieder ab und eilten zurück in jene Halle, in der wir die nächste Stage vermuteten. Aus grölenden unmenschlichen Lauten wurde binnen weniger Sekunden fröhliches Gelächter und angeregte Gespräche.

Unsere Schockstarre ließ nach. „Wir drehen hier einen Trailer. Für einen Horrorfilm. Klasse, oder?", strahlte uns das Mitglied der Filmcrew an und zeigte hinter sich. Dort standen gerade einige, ja doch, es waren Menschen, und wurden professionell von der Maske in Zombies umgeschminkt. Nun sahen wir auch direkt vor uns noch einige Personen herumschwirren, einer mit Kopfhörern auf den Ohren, der andere mit einem Mikrofon in der Hand, der nächste mit einer Kamera zum Dokumentieren der Dreharbeiten.

Keiner wunderte sich über uns, wobei wohl die wenigsten wussten, dass wir einen Cache suchten. Aber die Location selbst bietet sich zum Fotografieren, Erkunden oder eben zum Horrorfilm drehen nun mal einfach an!

Bei einigen Stages, wie der nächsten in der Halle, haben wir uns zwischen dem Kamerateam durchgequetscht („entschuldigen Sie, dürfen wir mal kurz diese Leiter da hinauf"), bei einer Station wurde uns sogar ein Hint gegeben. Und beim Suchen der letzten Hinweise waren wir wieder mitten drin in den Dreharbeiten. Aus einer Garage rannten die Zombies zähnefletschend nach draußen, während wir im Hintergrund das Gebäude nach einem Petling absuchten.

Wahrscheinlich klangen die Regieanweisungen, die durch den Schieferbruch hallten, auch nicht immer so wie an diesem Tag: „Gleich gehts los, Cacher bitte jetzt hinten Ruhe geben und nicht bewegen, Klappe 14 die dritte, los!"

ACH, HIER: "DER FRIEDHOF BRAUCHT AUS PIETÄTSGRÜNDEN NICHT BETRETEN ZU WERDEN."
RIP

Kalifornisches Niveau im Schwarzwald

Bernhard Hoëcker

Das Schöne am Geocachen ist die Vielfalt. Wie in anderen Werken bereits geschrieben, gibt es vielfältigste Variationen, genau wie bei der körperlich lustvollen Leidenschaft: Schnell eine Dose zwischendurch, mehrere Gänge, alleine, zu zweit oder in Gruppen. Über Megaevents wollen wir gar nicht erst nachdenken.
Aber der Gebrauch von Hilfsmitteln ist sowohl hier als auch da eine Erweiterung des Erfahrungshorizontes. Wir reden von T5ern.
Eine Spielart dieser Cachekategorie, die Tobi und mich total begeistert, ist das Anhängen an Seile, die an höher gelegenen Orten befestigt sind oder eben ebenerdig verknotet, den Weg in tiefere Gefilde ermöglichen.
Beim Klettern wird besonders deutlich, worum es uns beim Cachen eigentlich geht. Das Ziel ist, die Dose in lustig-luftiger Höhe zu erreichen. Finden ist leicht, aber der Weg ist das eigentliche Ziel.
Eine Variante hat sich als besonders beliebt herausgestellt, sie ist immer und überall zu finden, sie überschwemmt jede T5er Karte und ist fast schon so gewöhnlich wie der altbekannte Leitplankencache zwischen benutztem Klopapier auf der Autobahnraststätte: DER BAUM.
Ja, wir reden von einer handelsüblichen Pflanze mit verholztem Stamm, dicken Ästen und vor allem möglichst WENIG Blattwerk, damit man die Dose von unten auch gut erkennen kann. Alles was nicht nach 2,50 m das Wachstum eingestellt hat, wird mit einer Dose beworfen. Mag der Ast auch noch so dünn sein, ein kleines Band mit Kiste hängt immer dran. Und im Herbst fallen nicht nur die Blätter zu Boden sondern auch Logbücher und manchmal sogar seit dem Sommer verschollene Cacher.

TOBI: Der aufmerksame Leser wird an dieser Stelle erkennen, dass Bäume nicht zu Bernhards präferiertem Kletterterrain gehören. Er hat nämlich einen Fetisch in Form möglichst fragil dreinschauender, aus bloßem Metall und Nieten erektierter Gebilde, die frei stehend ihrem traurigen Ende entgegenrosten: stillgelegte Strommasten. Korrekt heißt es natürlich Fernleitungsmast, aber das klingt mir zu technokratisch und stabil. Als Kletterer möchte ICH jedenfalls gerne wissen, ob das Teil, das ich da in Angriff nehme, mit hoher Wahrscheinlichkeit auch in den kommenden 1,5 h noch aufrecht stehend anzutreffen ist. Da ich die Umfallwahrscheinlichkeit eines jeglichen Gegenstandes immer über die Fehlbarkeiten seines Schöpfers kalkuliere, schenke ich einem Baum immer wesentlich mehr Vertrauen als so einem rostanfälligen Gerippe.

BERNHARD: Ok, dann lass uns mal über die Fehlbarkeit des Schöpfers reden: Den blinden Fleck im Auge des Menschen, weil an bestimmten Stellen wegen des Sehnervs keine Lichtrezeptoren vorhanden sind. Das Gehirn ersetzt die fehlende Information durch Fantasievorstellungen. Vielleicht ist ja auch der ein oder andere Ast an deinen geliebten Kletterbäumen gar nicht da. sondern nur eine Fantasievorstellung.

Oder die Elefanten ... die ernähren sich vornehmlich von Gras, sind aber riesengroß, also brauchen sie viel, sehr viel Gras. Dieses schleift ihre Zähne ab und irgendwann verhungern sie dann. Der Rest des Elefanten ist noch voll intakt und könnte weiterleben, so wie es im Zoo passiert. Vielleicht brechen deine Bäume auch irgendwo einfach auseinander, obwohl sie von außen total stabil und gesund aussehen, weil irgendein Teil nicht sooooo optimal angepasst ist.

Robben können die Farbe Blau nicht sehen, leben aber im Wasser, das vor allem Blautöne enthält. Vielleicht wissen Bäume gar nicht, ob sie sich da festhalten können, wo sie stehen.
Der Kardinalbarsch brütet im Maul seine Eier aus. Daher kann er nicht fressen, bekommt Hunger und verschluckt versehentlich seinen Nachwuchs... Weiß der Baum, ob er das Blatt oder den Ast abwerfen muss? Dass der Pottwal löchrige Knochen hat, weil er zu tief taucht und die Taucherkrankheit bekommt, der Gepard nach der Jagd so müde ist, dass er seine Beute nicht mehr verteidigen kann, und dass das Wolfsspinnenmännchen mit seinem Klopfen nicht nur die potentielle Partnerin sondern auch Fressfeinde anlockt, weißt du ja bestimmt.
Also weiterhin viel Vertrauen in deinen Schöpfer...

Vielen Dank! Ohne hier jetzt diskutieren zu wollen, ob wir das System Schöpfer, Natur oder Evolution nennen wollen, spinne ich den Faden mal zu Ende. Du bemängelst die fehlerhafte Umsetzung der Evolution von wem auch immer. Wenn ich dann mal so frei sein darf: Ich reihe auch den Homo Sapiens Sapiens in die Galerie der erschöpften Geschöpfe ein. Und dieses fehlerbehaftete Wesen ist nun in zweiter Instanz für die Errichtung dieser Leitungsspargel verantwortlich. Und dabei ist von ihm noch nicht einmal einkalkuliert worden, dass sie auch halten müssen, wenn sie lange Zeit außerhalb einer Benutzung oder eines Wartungsintervalls stehen und rosten. Das nennst du vertrauenswürdig?
Apropos: darf ich an das ehemals berühmte Winkeleisen erinnern? Just in dem Moment, in dem sich noch Teile unseres Teams im strebigen Wipfel des Gerippes befanden, kam da eine Fachkraft zur Mastbeseitigung des Weges,

Ich habe dem Stahl vertraut - bis ich Moos gefunden habe...

um das Fällen des Ungetüms für den nächsten Tag zu planen. Zweimal Schnippschnapp mit der Akkuflex und die oberen 20 Meter waren angerostete Geschichte, wie uns die Bilder des Owners später deutlich vor Augen führten…

Dein Urvertrauen ist beneidenswert.

Auch das Auffinden der Dose, die konkrete Suche, ist gefährlich, noch bevor das erste Seil geworfen, die erste Bandschlinge geknotet, die ersten Karabiner gedreht worden sind.
Nicht selten muss nämlich der Nacken in einer Art und Weise verharren, die eine konsequente und gesunde Durchblutung des Hirnes gefährdet. Insbesondere der Pars Basilaris kann bei einer vergrößerten Ausprägung Blutgefäße im hinteren Hals abdrücken. Ich bin Betroffener und weiß das, seit ich mit einem Mediziner die WG geteilt habe. Er hatte sich zum besseren Verständnis des Kopfgebeins im Tausch gegen eine Flasche Wodka einen Totenschädel vom Friedhof organisiert und mir diesen besonderen Knochenwulst begeistert gezeigt.

Auch für das Auge besteht Gefahr. Von Geäst und Blattwerk vor Sonneneinstrahlung geschützt, wiegt sich der Sucher in Sicherheit. Er bewegt sich am Boden, doch plötzlich öffnet sich ein kleines Loch im Dach des Waldes und die Sonne kann ungehindert zu Boden scheinen. Urplötzlich wird das Sehorgan von einer Masse an Photonen beschossen, die nur durch die „Hand vor die Augen"-Strategie abzuwehren ist.

Heliophoben Naturen sei empfohlen, vertikale Verluftierungen in der Nacht zu unternehmen. Das hat ebenfalls einen besonderen Reiz. Für mich persönlich kommt das allerdings auf das Gleiche heraus, da ich, sobald Bernhard kurz in meine Richtung schaut, von seiner Poser-Stirnlampe beschossen werde, gegen die jedes kosmische Zentralgestirn lediglich das Prädikat ‚Funzel' verdient. Autsch! Seitdem klettere ich nachts nur noch mit Sonnenbrille.

Aber irgendwann endet es mit:
„Da oben, ich kann sie sehen."
„Am Baum sind Spuren."
„Hier haben die die Bandschlingen festgemacht."
„Da liegt Müll."
Trotz allem kann ich mich einer gewissen Faszination dieser vertikalen Dosenerreichung nicht entziehen. Wenn auch nur oder vor allem dann, wenn die Herausforderung in Höhe der Dose oder Komplexität des Einbaus besteht.
Und so verschlug es uns dereinst in den Schwarzwald. Hier sollte laut Cachebeschreibung der „Höchste Baum Deutschlands" stehen. Tobi und ich haben schon in den USA, insbesondere in Kalifornien hohe Bäume gesehen. Mit 115,5 Metern steht dort auch der höchste seiner Art. Hier rechneten wir nicht mit besonders hohem Wuchs, sind die Bäume hierzulande doch recht sparsam im Umgang mit Höhe.

Doch eine genauere Recherche ließ uns hoffen. Es war eben KEIN deutscher Baum. Ab 1896 hat die Herzogin Waltraud von Mühlwald aus eben jenem Kalifornien Samen der Mammutbäume nach Deutschland bringen und im Walde vergraben lassen.
Da sie sich hier klimatisch etwas wohler fühlen, als zum Beispiel ein madagaskanischer Flammenbaum, taten sie genau das, was sie am besten können: wachsen.
Die Bäume strebten im Laufe der letzten 150 Jahre genau dorthin, wohin sie es auch sollten: nach oben.
Da die Bäumchen dann hierzulande mit einem anderen Klima klar kommen müssen und wir weit weniger - für Mammutbäume aber wichtige - Waldbrände haben, wird der Wuchs derart ausgebremst, dass die amerikanischen Höhen nicht erreicht werden können. Trotzdem überragen sie das Blätterdach deutschen Laubwaldes um gut 20 Meter.
„Auf über 52 Meter hängt eine Dose", hieß es am Telefon.
Ein lokaler Cacher, der hier zum Schutze seiner Persönlichkeit ROLF genannt sein soll, gab uns diesen Tipp und auch gleich seine Telefonnummer.
Ein paar Wochen später führte unsere berufliche Reiseroute just durch diese Region. Wir packten alles Nötige ein. 40 Meter Seil, 80 Meter Seil, Steigklemmen, Gurte, Helm, Bigshot und Wurfsäcke, Pilotleine ohne Ende und Handschuhe. Zwar war es Frühling und die Bäume harzen erst im Herbst so richtig, aber Sauerei ist Sauerei.
An den Parkkoordinaten angekommen, luden wir das gesamte Material in Rucksäcke und wuchteten selbige auf unseren Rücken. Dann packten wir die Seiltaschen und stapelten sie noch oben drauf. Zu guter Letzt griffen wir mit den jeweils verbleibenden freien Händen nach Wurfschleuder und Fototasche und machten uns auf den Weg.
„Ich glaub hier lang", rief Tobi.
„Ne, hier geht ein Weg direkt in den Wald", gab ich ihm einen Tipp.

„Aber die Straße runter geht es direkt ...“, versuchte er es noch einmal.
„Ach ne, lass uns durch den Wald gehen. Straße ist doof und die paar Meter sind doch kein Problem“, unterbrach ich ihn.
Der erfahrene Cacher weiß natürlich schon längst, welches Problem auf uns wartete. Der Cache lag in nordöstlicher Richtung, aber schon nach 200 Metern knickte der Weg nach Westen ab, wand sich so durch das Tal, um dann hinter einer Kehre endlich auf den Hügel zu führen. Hier zog er sich dann endlich Richtung Osten am Kamm entlang, natürlich nicht ohne noch mal runter und rauf durch ein kleines Tal mit Bach zu führen.

Wir schwitzten und jammerten. Ich hielt mich bedeckt und versuchte immer einen Schritt weiter vorne zu laufen, als die Stimmen meines Gefolges reichten. Das schlechte Gewissen und die Gewissheit vielleicht doch besser einmal mehr überlegen zu sollen, gaben mir Kraft.

Das ist eine tolle Stärke von Bernhard! Da wird nicht lang rumpalavert. Spontan entscheiden! Handeln! Machen! Keine Zeit verlieren! Zu gern erinnere ich mich in dem Zusammenhang an jenen Vormittag in einem winterlich verschneiten Wald, als Bernhard mir spontan seine neue Wurfsackwurfmethode demonstrierte: rücklings überkopf. Dies sollte angeblich mit der richtigen Technik eine ballistische Sensation darstellen. War es auch. Das Ding flog irre weit in den Wald. Leider demonstrierte er begeistert diese Variante bevor er nur darüber nachgedacht hatte, die Pilotleine an dem Sack zu befestigen. Wir hatten nur einen Wurfsack dabei, den wir dann die restliche Zeit bis zur Abfahrt im knietiefen Schnee erfolglos gesucht haben.

Rückwirkend muss man allerdings sagen, mit Rucksack auf dem Rücken, Seil auf der Schulter und dem ein oder anderen Karabiner am Gürtel, der schon auf dem Weg so schön klimperte, fühlte es sich nach Expedition an. Wir schwitzten und stöhnten.
Unterwegs machten wir kurz Rast am eigentlich „Höchsten Baum", der nur wurzelbedost war, und verewigten uns im Logbuch. Vielleicht würden ja spätere Generation diesen Eintrag finden und so unsere Route nachverfolgen können.
Wir näherten uns dem Ziel. Der Forstweg machte einen Rechtsknick, geradeaus führte ein kleiner Ziehweg und bereits nach ein paar Metern auf der linken Seite, mitten im Wald, erkannten wir die Douglasien. Langsam folgten unsere Augen dem Stamm. Scheinbar unendlich dauerte es, bis wir den ersten Ast erblickten, eine weitere Ewigkeit bis die Krone in unendlicher Entfernung vor dem blauen Himmel im Wind langsam hin und her wippte.
Gigantisch stand er vor uns. Den Menschen zu Urzeiten mag er wie das Bein einer mächtigen Gottheit vorgekommen sein, wie der mahnende Fingerzeig zum Schöpfer.
Und für uns, die wir jetzt davor standen, war er einfach nur „scheiße hoch!"

Die Dose war natürlich sofort gefunden:
„Da oben? Ich kann sie nicht sehen", rief Tobi.
„Am Baum sind keine Spuren", sagte ich.
„Wo haben die die Bandschlingen festgemacht?", meinte Tobi.
„Da liegt noch nicht mal Müll", stellten wir gemeinsam fest.
„Da ist eine Markierung, Leute!", versicherte Rolf.
Sofort wurden die Geräte ausgebreitet, schön verteilt, damit wir den Glanz der Klettertechnologie bestaunen konnten: Klettergurt, Karabiner in 30 Ausführungen, Grigri, ID, ATC, Prusik in verschiedenen Längen, dynamisches und statisches Seil, Wurfsack in rot und gelb, Pilotleine in dick, dünn und sehr, sehr dünn, letztere mit unfassbar vielen Knoten drin. Abseilachter und ASAP lagen neben Croll und Ascension *(*Anm. des ebenfalls*

Wir hätten ein zwei Meter längeres Seil mitnehmen sollen!

ratlosen Lektors: Ascension auch „Himmelfahrtsinsel“ genannt ist eine kleine tropische Insel im Südatlantik...)[1]. Neben den Bandschlingen in dunklem Rot, Gelb und Orange lag die Krönung des professionellen Seileinbaus: Die Big Shot!

Heutzutage so normal wie eine dimmbare UV-Lampe beim Tagcachen, so war sie doch damals unser ganzer Stolz.

Sofort wurde die große Schleuder zusammengebaut und ausgerichtet, der Wurfsack mit der Leine verbunden und abgeschossen, neu aufgefädelt und wieder gespannt. Ruckzuck, wie ein Uhrwerk funktionierte das Team, um das Seil in 30 Meter Höhe einzubauen.

30 Meter sind mehr, als die meisten Wipfel zu erklimmender deutscher Bäume. Hier sollte das „Basislager“ entstehen, um von dort den Rest im Vorstieg zu bewältigen. Leider war nicht jeder Wurf ein Treffer. Schon vier Stunden später war das Seil fest...

Dann stand ich entschlossen vor dem Seil: „Ich geh hoch, kein Problem!“

Ich habe den Croll eingebaut, Ascension über Kopf befestigt, die Bandschlinge um den Fuß gebunden. Dann ging es Stück für Stück nach oben. Immer weiter entfernte sich der Boden von meinen Füßen. Immer näher kam der Ast meinem Kopf. Der Stamm bewegte sich Zug für Zug an mir vorbei, wurde nur unmerklich dünner. Einzelne Holzstücke ragten aus der Borke, wo einst wohl große Äste gewesen waren.

Die Zeit schien mir wie eine Ewigkeit. Ich zählte die Klimmzüge: eins, zwei, drei... bis zu welcher Zahl würde ich wohl kommen? Während ich noch darüber nachdachte, kam ich durcheinander und fing von vorne an. Vergeblich, zu oft sagte ich „Puh!“ und „So ein Mist!“ weil sich mal wieder der Fuß aus der Bandschlinge gelöst hatte.

1 Wenn ich, Bernhard mich kurz einmischen darf: Es ist auch eine ausgestorbene Reiher- und Rallenart, ebenso eine kanadische Insel, eine sächsische Band aber auch ne schottische Metal-Combo (die ich mir direkt mal anhören werde), ein Jazz Album, ein spanisches Radrennen, eine anglikanische Kirchengemeinde in München und ein Parish in Lousiana. Aber leider weiß ich nicht, was ein Parish ist. München hab ich schon mal gehört.

Während ich zurückblickte, verschwand der Boden immer weiter unter mir. Zunächst waren einzelne Blätter nicht mehr zu erkennen, dann verschwamm alles in einem einzigen Braunton. Nur der weiße Helm von Tobi leuchtete noch aus dem Farbenbrei heraus.

Ich blickte lieber nach oben. Langsam, immer schubweise, näherte ich mich dem untersten Ast, den, um den wir das Seil herumgeworfen hatten, und der als Ausgangspunkt für die weitere Besteigung dienen sollte.

Doch je näher ich kam, desto deutlicher wurde mir die Vergänglichkeit des Lebens bewusst:

Was von unten wie ein stabiler, lebender Arm des Baumes wirkte, war hier oben auf einmal nur noch ein dünnes Fingerchen, ausgetrocknet und bereit zu sterben.

Als ich dessen gewahr wurde, befand ich mich nur noch zwei Meter unterhalb des Holzrestes, baumelte langsam im lauen Lüftchen hin und her und wollte einfach nur noch, dass die Zeit stehen blieb.

Während ich dort verweilte und ständig das leichte Knirschen hörte, das entsteht wenn Seil und Holz aneinander reiben, stellte ich ein paar Überlegungen an: Angenommen, ich würde mich jetzt weiter hochziehen, dann könnte dies eine stärkere Kraft sein, die da auf das Holzstückchen wirkt, als dies es vielleicht aushalten konnte. Allerdings hatte ich das die ganze Zeit gemacht, ich hatte ständig gezogen und gezerrt. Somit war es eigentlich logisch, dass auch diese letzten Züge durchaus gehalten werden konnten.

Ich bin ja ein Freund der Logik, doch auch ein Bekenner der Angst, so zog ich mich sehr langsam, sehr, sehr langsam weiter. Meine Bewegungen waren von unten schon nicht mehr als solche zu erkennen. Aus Sicht der Zurückgebliebenen schwebte ich in Zeitlupe irgendwie an diesem sich für mich seiden anfühlenden Faden. Dann, endlich, warf ich eine Bandschlinge um den nächstgrößeren Ast über meinem Anschlagspunkt und sicherte mich auf diese Weise gegen ein

Abbrechen ab. Stürzen wollte ich natürlich dennoch nicht. Ich zog mich hoch, stand schließlich vorsichtig balancierend auf dem Schicksalsast und baute eine zweite Bandschlinge ein. Diesmal um den Stamm, zog dann das Seil nach, wand es um eine Astgabel knapp über mir und hängte mich wieder ein. Ich sicherte mich mit dem ASAP und baute eine Redundanz mit dem Klettersteigset ein. Dann stellte ich fest: Ich konnte mich nicht mehr bewegen.

Das war so einer der Momente, die mir im Nachhinein noch nervösen Angstschweiß in die Handflächen treiben. Wir als Bodenteam hatten es uns auf dem Waldboden gemütlich gemacht und schauten entspannt, wie Bernhard das Basislager scheinbar mühelos zu erreichen schien. Dann ein Knacken. Ein lauteres Knacken. Leider synchron zu unperiodischen Schwingungen des Astes, an den Bernhard sein Leben gehängt hatte. Wir begannen zu diskutieren, wollten wir ihn ja nicht in Panik versetzen, aber doch möglichst rasch zu einer Zwischensicherung über dem Ast bewegen. Nach einer Viertelstunde und einigen Tassen eilig aufgebrühten Kaffees, entschlossen wir uns zur behutsamen Kontaktaufnahme.

„Wie läufts?"
„Perfekt!"
„Kommst du weiter?"
„Klar!"
„Was?"
„KLAHAR!"
Ich hatte keine Ahnung, wie ich mich aus dieser misslichen Lage befreien sollte, ohne mit dem Messer alles zu kappen, was auch nur den Anschein von Sicherheit bot.
Während ich so überlegte, spürte ich ein Rucken am Seil.
Unser Cacherkollege Rolf stieg mir nach.

Hier sitzt Tobi auf einem Stuhl im Wohnzimmer. Ich habe den Hintergrund wegretuschiert und durch eine Waldansicht ersetzt.

Er war schneller oben, als ich „Äh... das ziept!“ sagen konnte. Er warf ein kurzes Seil um den dicken Ast über uns und schwang sich behände neben mich auf den Ast.
„Probleme?“
„Neiiiiin. Was denkst du? Ich glaube nur, wir haben keine... also diese Zeitsache ist so ne Sache. Ich will niemanden warten lassen“, stotterte ich voller Selbstüberzeugung vor mich hin. Während mein Blick zum Waldboden fiel, wo Tobi aus lauter Langeweile bereits eingeschlafen war.

Nee, ich konnte einfach nicht hinsehen und versuchte mich zur Ablenkung mit einem Borkenkäfer zu unterhalten, der vor meiner Nasenspitze aufgetaucht war. Leider wurde er zehn Minuten später, von Bernhards durch 30 Meter freien Fall stark beschleunigtes Smartphone, in einen matschigen Klumpen Chitin verwandelt.

Nachdem Rolf mich freundlicherweise aus der Verpuppung gelöst hatte und wir beide gesichert da oben in 30 Meter Höhe auf den schmalen Ästen saßen, analysierten wir die Situation. Wir hatten noch gut 22 Meter bis nach oben zur Dose. Eigentlich recht einfach von Ast zu Ast, wie normale Kletterbäume auf niederer Ebene das gerne ermöglichen. Doch die nächsten 6 - 10 Meter waren astfrei. Das hieß, wir hätten ein weiteres Seil hochwerfen und einbauen müssen, dann wieder aufsteigen, ausbauen und dann losgehen bis zum Gipf... äh zur Dose.
Eine weitere Analyse betraf die Kletterfähigkeiten meiner Person. Oder mit anderen Worten: Die Möglichkeiten, das mitgebrachte Material optimal zu nutzen.
Zwar hatte ich genug Bandschlingen, Seile und Haken dabei. Aber die benutzte ich ja gerade alle, um nicht abzuschmieren. Das Ergebnis unserer kurzen Beratung vor Ort ergab, dass es in absehbarer Zeit nicht zu schaffen sein würde, bis zur Dose zu gelangen. So entschlossen wir uns wehmütig abzusteigen. Ich baute mich

soweit nötig aus, natürlich immer zwischengesichert, und dann seilte ich mich ab.
Kaum unten angekommen, überkam mich dieses eigenartig schizophrene Gefühl, das sich jedes Mal bemerkbar macht, wenn ein aufwendiges Cacheabenteuer nicht erfolgreich abgeschlossen wird.
Auf der einen Seite bin ich total erleichtert, dass ich heil wieder unten angekommen bin, auf der anderen Seite ärgert es mich über alle Maßen, dass ich es einfach nicht wenigstens versucht habe. Gleichzeitig erinnere ich mich an die respektvolle Panik in der Höhe. Sobald diese aber verschwunden ist, folgt das sichere Wissen, dass ich es geschafft hätte, um einer Erleichterung zu weichen, dass nichts passiert ist, weswegen man ja auch sofort weiter hätte machen können.
Aber noch ist nicht aller Tage Abend und wir werden wiederkommen. Ich will auf den Baum und Tobi noch ein bisschen schlafen.[2]

2 In der Zwischenzeit ist die Dose archiviert und - wenn man ganz ehrlich ist - zu Recht. Es wurden immer mehr Cacher, die diesen Baum zu besteigen versuchten. Und irgendwann wurde es dann dem zuständigen Forstamtsmitarbeiter zu voll. Der Forstmitarbeiter fand es noch nie wirklich prickelnd, sich ihrer Affenverwandtschaft erinnernder Zweibeiner aus den Zweigen zu pflücken.
So kann man sich nur noch optisch an der riesigen Douglasie erfreuen. Aber vielleicht gibt es ja da in Kalifornien noch welche, an denen Dosen hängen…?

Eiskalt erwischt mit Lehrauftrag

Marco Hinze (mit Tim Lustermann)

Es begab sich zu der Zeit, als Ich und mein junger Arbeitskollege und ehrenamtliche Cachesekretärin Tim - ja genau, nach alter Tradition wird der Esel ja immer zuletzt genannt - also dass wir uns auf eine Dienstreise ins anhaltsächsische Magdeburg machten. Schon Wochen vor dieser Fahrt wurde mein Bürobutler Tim auf diesen Lost Place Nacht Cache aufmerksam. Eines Tages stand er mit aufgequollenen Augen, Schaum vor dem Mund, Schweiß auf der Stirn und einem Gesichtsausdruck, den Kinder sonst nur zu Weihnachten beim Auspacken der Geschenke haben, vor mir.

Marc OH

Gefundene Geocaches: 225

Geloggte Trackables: 2

Entferntester Fund: GC1YZ70 Magische Säule (Bodensee)

„Cachen ist was Spannendes, was zum Spielen und... Nervenkitzel."

Dies konnte nur zwei Gründe haben:
Erstens: Seine letzte Tollwutimpfung war schon Jahre überfällig und er hatte sich beim Rumtollen mit den Dorfhunden am Wochenende irgendwas eingefangen.
Zweitens: Er war wieder einmal über einen coolen Cache gestolpert, den er unbedingt angehen wollte.
Da er eine Cachebeschreibung in der Hand hatte, vertraute ich einfach mal seinem Impfpass und freute mich mit ihm. Er hatte einen coolen neuen Cache entdeckt und auch ohne Worte, nur mit Hilfe unserer telepathischen Fähigkeiten war klar, der Cache „Eiskalt erwischt" wird gemacht. Er sollte uns auf unserer Dienstreise den Abend versüßen, statt wie sonst einfach über die Hotelbar her zu fallen und am Ende Flaschendrehen mit irgendwelchen Vorwerk-Vertretern zu spielen. Die Beschreibung von

einem angeblichen, unaufgeklärten Mord machte Lust auf mehr und weckte unseren CSI-trainierten Jagdinstinkt.

Da dies Tims erster Nachtcache werden sollte, wollte ich als erfahrener Cacher ihn natürlich gebührend anleiten und in die speziellen Geheimnisse eines solchen Nachtcaches einführen. Also machten mein junger Padawan und ich uns gegen 21:45 Uhr auf den Weg in die immer dunkler werdende Magdeburger Börde. Möge die Macht mit uns sein.

Angekommen bei den Startkoordinaten, ziemlich in der Mitte zwischen Hamburg und München, ging es dann auch mit der Lehrstunde für den ambitionierten Neutrapper los. Solche Ausbildungscaches nehme ich natürlich sehr ernst, nicht dass mein Schützling die gefürchtete Nacht-Cache-Blindheit bekommt und zukünftig bei Dunkelheit durch irgendwelche Mischwälder irrt. Also musste Tim gleich zu Beginn die **erste Lektion** über sich ergehen lassen: **Hierarchien**. „Der erfahrene Cacher kriegt immer den 3000W-Sonnenlichtstrahler, mit dem die Titanic den Eisberg innerhalb von Sekunden weggeschmolzen hätte und der ‚Schützling‘ Opas Erste-Weltkrieg-Funzel. Und noch ein Hinweis: Cacher haben keinen Schiss, das Cachefachwort für diese Emotion heißt: Gesunder Respekt.“

lustifcb

Gefundene Geocaches: 390

Geloggte Trackables: 59

Entferntester Fund: GC128QM Stahlbogenbrücke (Schweiz)

„Sich wie Indiana Jones fühlen auf der Jagd nach dem ultimativen Schatz.“

Nachdem dies geklärt war, sollte es endlich losgehen, irgendwo in der Mitteldeutschen Pampa warteten halb verfallene Gemäuer, ein verwilderter Garten und meterhohes Gras auf uns.

Am ersten Reflektor angekommen, folgte die **zweite Lektion: Hintergrundwissen**. Ich hielt einen kurzen 30-minütigen Vortrag, warum das Ding eigentlich zurück leuchtet, obwohl es keine

Batterien hat. Nach ebenso kurzen Ausführungen zur Physik - wie der Einfall von Photonen sich auf zurückwerfende Flächen auswirkt - und der Chemie der Kunststoffverarbeitung, bettelte Tim, dass wir nun endlich die nächste Station suchen sollten.
Während wir uns von Reflektor zu Reflektor vorkämpften, war ich irgendwann froh, nicht mehr durch das Gras stapfen zu müssen, welches sicher drei Generationen von Zecken ein traumhaftes Zuhause war. Nur Tim unter mir war bei meinem Gewicht auf seinen Schultern ziemlich am Keuchen. Dabei lernte er **Lektion drei** kennen: **Verantwortung tragen**.
Zum Glück hatten wir vorher sämtliche Körper- und Klamottenöffnungen mit Klebeband verschweißt, so dass die Bataillone der kleinen Blutsauger an uns verzweifelten.
Nach ein paar Stationen im Dschungel der Nacht ging es in ein verlassenes 70er Jahre Einfamilienhaus, in dem wir nach weiteren Hinweisen Ausschau hielten. Wir waren erstaunt, dass man hier gleich wieder einziehen könnte. Im Wohnzimmer stand noch die Polstergruppe „Fagersta“ aus dem 1978er IKEA Katalog und selbst im Schlafzimmer konnten sich die inzwischen heimischen Tiere auf einem Himmelbett traumhaft vergnügen. Wahrscheinlich hat Harald Glööckler an diesem Ort seine ersten Raumausstatter-Ideen verwirklichen dürfen. Animal Look nennt der das glaube ich. Einem Pauschaltouristen mit buffeterprobtem Magen sind solche Zimmer und die immer noch vorhandene Verpflegung im Keller des Hauses sicher nichts Unbekanntes. Hier stand noch ein Regal mit für die Ewigkeit konserviertem Obst und Gemüse in Gläsern. Ob das mit dem selbst Eingemachten genau so ist wie mit gutem Wein? Wird das Zeug über die Jahre besser?
Wir beschlossen, heute einfach mal zu fasten und ließen das Kellerbuffet unangetastet. Nach einigen Zeichen und Hinweisen an Zimmerwänden, Rohren und Türen konnten wir schnell von Station zu Station vordringen. Am Schluss ging es zurück vors Haus in die Natur zum Vorfinal.

Wir durchkämmten den kompletten Garten und Tim machte jedem Trüffelschwein die größte Ehre. Hier lehrte ich ihn die **vierte Lektion: Nichts Überstürzen.** Ich lehnte gemütlich an einer Mauer und ließ das Schauspiel auf mich wirken. Eine Meute Bluthunde bei der englischen Fuchsjagd wäre nichts im Vergleich zum Cache-Rausch von Tim. Doch er suchte vergeblich, so kamen wir einfach nicht weiter und der nächste Hinweis blieb unentdeckt. Nach insgesamt vier Stunden und nachdem Tim das unter anderem vorgefundene Mieder genügend beschnüffelt und anprobiert hatte, brachen wir unsere Suche und den Lehrabend ab.

Lektion fünf: Ort der Demütigung niedergeschlagen verlassen. Wir schauten uns an, und niedergeschlagen verließen wir den Ort unserer Demütigung.

Nächster Tag:
Viel geschlafen hatten wir nicht. Selbst ein schlechtes Horrorvideo, gedreht auf einem LP in Ostdeutschland erleichterte uns das Einschlafen nicht. Tim wirkte am Morgen, als sei er direkt dem Video entstiegen. Er war nur noch ein Häufchen Elend und stammelte den ganzen Tag in Gollum-Manier etwas von „Kein Schaaatz…“. Schnell war klar, so durfte das nicht enden: Wir müssen nochmal hin. So sagten wir erneut der Hotelbar und der Handwerker-Selbsthilfegruppe am Tresen Lebewohl und machten uns abends wieder auf den Weg.

21:20 Uhr: Heute finden wir das Ding. Die gleiche Prozedur wie am Vortag zur Zeckenvorsorge. Mist, Autan vergessen. Naja, die vier bisherigen Stiche gehörten zur Enttäuschung dazu und zeugten wie Kriegsverletzungen von unserer tags zuvor verlorenen Schlacht.

Da es am Vorabend ja nicht geklappt hatte, wollte ich den neuen Lehrabend gerade wieder mit meinen Ausführungen zu Lektion eins beginnen, Tim bettelte jedoch, heute schneller voran zu kommen. Nach einem 15-minütigen Test zur Lernerfolgskontrolle willigte ich letztlich ein, Lektion 1 und 2 nicht zu wiederholen. Wir starteten also beim gestern abgebrochenen Vorfinal und suchten erneut den finalen Hinweis.

Kurze Zeit später kamen wir dann auch zu **Lektion sechs** für den noch jungfräulichen Nachtcacher: **Augen auf beim Cacherlauf!** Man waren wir blind! Nein, natürlich nicht wir, sondern Tim, denn als erfahrener Cacher hatte ich den Hinweis an der Mauer schon gestern gefunden, wollte Tim aber die Vorfreude lassen. Zumindest war dies meine Ausrede, warum ich am Vortag offensichtlich beim Anlehnen an der Hauswand den Hinweis wohl irgendwie verdeckt hatte. Heute fanden wir jedenfalls nach kurzer Suche die finalen Indizien.

Schnell konnten wir so die Koordinaten für den Final ausmachen. Wie kleine Kinder lagen wir uns in den Armen, ahmten Leonardo und Kate auf der Titanic nach, tanzten, jubelten und Tim hatte ein wenig Pippi in den Augen. Also jetzt aber ab zum Final.

21:45 Uhr: Fund! Da ist das Ding!!! Endlich. Wir trugen uns wortlos ins Logbuch ein und genossen diesen Moment. Jetzt war Tim also auch seinen Nachtcache-Kinderschuhen entwachsen. Die Bälger werden auch so schnell groß.
Ein paar Fotos könnten wir noch machen, kam es uns in den Sinn. Also nochmal ins Haus zurück, Tim etwa zehn Meter voraus. Auf einmal ... PENG! Ein Schuss! Unsere Taschenlampen gingen sofort zur Brust. In Tim war kein Loch, in mir auch nicht. Aber unser Puls knallte hoch, es war plötzlich stockdunkel. „Hast du das gehört? Hier schießt jemand.“ „Mist! Bloß weg hier. Die Russen sind da.“ Also nahmen wir die Beine in die Hand und schlenderten wie Usain Bolt behände zu den Parkkoordinaten.
Am Cachemobil angekommen, wurde der Erfolg mit einem „Yes we can” gebührend gefeiert. Der Spruch war uns irgendwie spontan eingefallen.

Zwei Wochen später, Tim hatte zwischenzeitlich auch die zehn von mir ausgearbeiteten Nachtcache E-learning Kurse, diverse VHS-Kassetten und weitere Lehrmaterialen durchgearbeitet, stand letztlich eine dreistündige schriftliche Prüfung an. Nachdem der Prüfer, also ich, ein Auge zudrückte, wurde auch diese Hürde von ihm genommen und er darf sich seitdem „geprüfter Nachtcache-Lehrling“ nennen.
Am Ende bleibt uns nur zu sagen: Lehrjahre sind keine Herrenjahre, coole Location, coole Geschichte, einfach gelungen – und knapp überlebt.

Lektion sieben: Niemandem davon erzählen, wir sollten unser Hobby geheim halten...

Dosenschiffer

Tobias Zimmermann

Bereits vor Jahren haben Bernhard und ich die Palette unserer sogenannten Cachemobile radikal erweitert. Mit zwei- bis vierrädrigen Fahrzeugen hatten wir schon relativ viel Schabernack getrieben. Als aber der Geschmack unserer Sammelwut auf Länderpunkte fiel, mussten bald auch mehrstrahlige Düsenjets dafür herhalten, das eigene Profil und die Punktestatistik zu pimpen. Auch wenn diese Variation der Mobilität die Ökobilanz eines naturverbundenen Hobbys komplett versaut, sieht die Statistik-Karte doch wesentlich besser mit drei gefundenen Filmdosen in Ulan Bator aus, als mit den durchaus reizvollen und fordernden Stollencaches im Harz.

Aber Flugzeuge sind laut, eng und ich kann keinen Tomatensaft mehr sehen. So kamen wir vor einigen Jahren auf die Idee, eine berufliche Verpflichtung in einen länderpunktgünstigen Ausflug umzuwidmen. Das Cachemobil hatte in diesem Fall knapp 40.000 Bruttoregistertonnen und wurde von den sonst ausnahmslos aus Muggeln bestehenden Mitfahrern als Kreuzfahrtschiff benutzt. Ein Anfang war gemacht, Tunesien erschien in leichtem Grün im Profil.

Mit der Zeit stiegen die Ansprüche an statistisch relevante Ziele und die erforderlichen Reisemittel.

Im Sommer zwei Jahre später fanden wir uns dann plötzlich mit einem Smoking bekleidet an der Reling der stolzen und frisch getauften Queen Elizabeth der traditionsreichen Cunard Reederei wieder. Eine fürstliche kubanische Tabakware in der einen und die dreimal destillierte Frucht exquisiter schottischer Getreide in der anderen Hand, blickten wir auf die Wogen der Ostsee und das Schiff, welches uns luxuriöses Geleit nach Sankt Petersburg bieten sollte. Nicht gänzlich unerwartet sollte es unter anderem noch Landgänge in Dänemark, Finnland und Estland

Tarnung ist alles! Unter den Anzügen tragen wir natürlich Klettergurt, GPS, Funkgeräte und Thermo-Unterwäsche.

geben. Müßig zu erklären, dass diese Länder in unserem Poser-Portfolio vorher nicht vorhanden waren.
Schweden stand als erstes Land auf der Liste derer, die wir betreten durften. Eine nautische Stippvisite in dieser Nation versetzte uns allerdings nicht in gesteigerte Aufregung, da sich dieser Fleck auf der Karte schon bei einer Exkursion zwei Jahre zuvor in ein pastellfarbenes Grün verwandelt hatte.

Damals sind wir mit einem der größten Schiffe überhaupt, der Queen Mary 2, vorgefahren. Allerdings nicht direkt: wir hielten eine Ecke vorher in Oslo und belegten gleich mehrere Parkbuchten im Hafen. Die vom Fahrer unseres Bootes bekannt gegebene Aufenthaltszeit vor Ort betrug lediglich fünf Stunden. Dann würde das Schiff auf jeden Fall ablegen und weiter fahren. Bei einem durchschnittlichen Spritverbrauch von ca. 500 Tonnen Diesel am Tag, der bei Vollgas auch noch kräftig ansteigt, konnte man es auch nicht als unhöflich erachten, wenn der Kapitän nicht auf unsere Rückkehr würde warten wollen.
Die schwedische Grenze war somit nur mit dem Mietwagen zu erreichen und dafür benötigte man allein zwei Stunden für Hin- und Rückweg. Mit allen Formalitäten, den nötigen Dienstwegen

und einer Stunde für eine effektive Cacherunde auf schwedischem Territorium, hatten wir kaum Reservezeit. Wir hofften, dass das Kartenmaterial auf den Handheld GPS-Empfängern eine grobe Straßennavigation zulassen würde und kachelten mit einer kleinen Mietkarre wie die Irren über die norwegisch-schwedische Grenze. Auf der anderen Seite hatten wir uns eine Handvoll netter Dosen ausgesucht und arbeiteten diese erfolgreich ab. Den Schluss bildete ein pittoresker und einsam-kleiner Lost Place, an dem wir uns ein paar Minuten gönnten, um die abgebrannte Ruine in den bewaldeten Hügeln zu genießen. Der Rückweg bis zur Grenze ging flott und wir hatten nicht das Gefühl, dass uns noch irgendein verkehrstechnisches Problem gefährlich werden könnte, solange das Auto durchhalten würde. Doch direkt hinter der Grenze hielt uns dann plötzlich die dazugehörige schwedische Polizei an. In Sachen Ausweis- und Fahrzeugpapiere waren wir ziemlich weit vorne und auch sonst gab es erstmal wenig zu beanstanden. Trotzdem verzichteten die missmutigen Beamten nicht darauf, wiederholt zu fragen, was wir denn in Schweden gewollt hätten. Da die gemeinsame Sprachbasis klein war, verzichteten wir auf eine Erklärung mit versteckten Dosen und GPS-Koordinaten und warfen ihnen „Nur mal kurz in Schweden gucken" als Tätigkeitsbeschreibung treudoof vor die Füße. Das Gespräch entschleunigte sich dadurch erheblich. Die Grenzer wollten einfach nicht einsehen, warum man mit einem teuer bezahlten Luxusdampfer in Oslo vor Anker geht, dann mit einem ollen Mietwagen über die schwedische Grenze brettert und nach 45 Minuten willkürlicher Gurkerei in diesem schönen Land wieder zurück zum Schiff düst. Offensichtlich sahen wir dabei so harmlos und debil aus, dass man auf eine fachgerechte Zerlegung des Fahrzeugs verzichtete. Nur Kofferraum, Motor, Innenverkleidung, Handschuhfach, Sitzpolster, Lüftungsschlitze und Radkästen wurden einer aufmerksamen Untersuchung der beiden muffeligen Muggel unterzogen.

Ich meine die Gangway wäre von den Matrosen bereits leicht angelupft gewesen, als wir wieder an Bord hechteten.

Soweit die Rückblende zu unserer schwedisch-statistischen Eroberung mit dem Cachemobil XXL RMS Queen Mary 2 zwei Jahre zuvor. Aber nun befanden wir uns zum ersten Mal auf dem Schwesterschiff der RMS Elsbet und erfreuten uns wieder unserer abenteuerUNlustigen Dekadenz. Erst wenige Stunden zuvor hatten wir uns in Hamburg zum Einschiffen eingefunden. Der Kahn muss sich vor seiner großen Schwester gar nicht mal verstecken: 294 Meter Länge, 90.900 Bruttoregistertonnen, 87.000 PS und mit 708 Millionen US$ Baukosten sicherlich eines der teuersten Cachemobile mit dem wir je unterwegs waren. Von der Queen Mary 2 natürlich abgesehen.

Einmal an Bord gegangen, wollten wir sofort unsere Kabine sehen. Acht Etagen, drei Aufzüge und 650 Meter Spaziergang später waren wir da. Ich versenkte die Bordkarte im Schlüsselschlitz und drückte unter erheblichem Kraftaufwand die Tür auf. Dieses schwere Bollwerk sollte vermutlich gegen Rauch und Wasser schützen, so denn sich dieses Ungemach im Schiffsrumpf breit machen sollte. Unser Gepäck war bereits vor uns in der Kabine eingetroffen. Unmissverständlich wurde dieser Umstand dadurch bezeugt, dass die Türe nicht nur wegen ihres Gewichts sondern auch wegen der Koffer, die den kompletten unmöblierten Raum der Kabine einnahmen, nur einen Spalt breit zu öffnen war. Welch hübsche und zugleich praktische Herberge wir nun für die kommenden 10 Tage bewohnen durften! Wenn man auf dem unteren Drittel der gemütlichen Schlafstätte Platz nahm, erreichte man fast jeden Winkel der Kabine am langen Arm. Zu meiner weiteren Freude hatten wir einen geräumigen Balkon mit einer Balustrade aus Glas, so dass man auf dem Bett sitzend nicht nur den kompletten Innenraum befingern konnte, sondern auch einen wunderschönen Blick auf das Meer hatte - ~~oder~~ wie im vorliegenden Hamburger Fall ~~auf Werften, Kräne, öliges Wasser und sehr viel Regen~~[1].

1 vom in der schönsten Stadt der Welt ansässigen Verlag rücksichtslos gestrichen

Nun begann ich mit den Vorbereitungen, um die Kabine unseren Wohlfühlmaßstäben anzupassen. Voraussetzung dafür waren die mitgeführten Reiseadapter und Mehrfachsteckdosen. Nun noch Ladegeräte für Handys, Laptops, Tablet-PCs und GPS-Geräte einstecken, den Flachbildfernseher mit Kabeln verbinden, so dass er das vorbereitete Kartenmaterial der Pocket Queries darstellen konnte. Dann wurde der erste Laptop angeworfen und nach den verfügbaren Drahtlosnetzwerken gescannt. Ja, es waren welche vorhanden. Erleichterung!

Nun drängte ich zum Aufbruch. In mir wuchs der unbändige Drang, unser Umfeld, welches doch auf elegante Art und Weise luxuriöses Domizil und Verkehrsmittel in einem Rumpf vereinte, zu inspizieren. Während ich Fotoapparat, meine persönliche Zimmerkarte, Tablet-PC und alle anderen Kleinigkeiten[2], die ich glaubte auf unserem kleinen Treck über das Schiff zu benötigen, zusammenklaubte, hatte Bernhard bereits unsere Kemenate verlassen und die Tür war mit einem markerschütternden Knall ins Schloss gefallen.

Ich riss sie wieder auf und stürmte zum Aufzug, wo ich Bernhard vermutete. Nachdem 50 Meter weiter immer noch kein Treppenhaus in Sicht war, entschloss ich mich zu einem spontanen 180 Grad Richtungswechsel, erhöhte das Tempo um 500%, um kurz vor den richtigen Aufzügen atemlos abzubremsen. Bernhard schien meine Orientierungslosigkeit noch nicht bemerkt zu haben und zog mich ungeduldig in den bereitstehenden Aufzug nach oben.

Wir verständigten uns darauf, zuerst die oberen Außendecks zu erkunden.

Unser verregnetes Freiluftvergnügen fand nach der eleganten Umschiffung des zentralen Pools auf dem Lido-Deck ein jähes Ende in der Garden Lounge. Mit Mühe verhinderte ich, dass

2 UV-Lampe, Prikstock, Helm, Gurt, 80 Meter Statikseil. Ich verzichtete allerdings nach einem Gang auf den Balkon auf diese Utensilien wieder, da mir sofort von einer Arbeitsgondel ein Eimer Farbe gereicht wurde.

Bernhard mir auf dem verwaisten Schlagzeug seine jüngst einstudierten Rhythmen präsentierte, die ihm sein Lehrer als Heavy Metal verkauft hatte. Ich bereute meine Entscheidung just in dem Moment, als mich eine volle Breitseite urdeutscher Marschmusik aus den strategisch überall verteilten Lautsprechern übermannte. Die Wucht der deplatzierten teutonischen Exerzier-Melodei ließ mich unbewusst sofortige Deckung suchen. Ich wich auf dem Gang nach rechts aus und verursachte prompt eine heftige Kollision mit einem Grüppchen entgegenkommender Passagiere. Es waren Briten an Bord, was man einem in Southampton beheimateten Schiff noch nicht einmal übel nehmen kann. Ohne schwere Verletzungen davon getragen zu haben, beschloss ich fortan, den Gegenverkehr aus sicherer Entfernung auf seine nationale Identität hin vorzuverurteilen. Froh, erste praxistaugliche Handlungsweisen im interkulturellen Umgang mit den Gastgebern entwickelt zu haben, bekam ich die folgende automatische Schwenktür voll in die Fresse.

Lieber Tobi, ich habe Mitleid.
Wahrscheinlich findet auf einem britischen Schiff die europäische Norm EN 1527:1998 Schlösser und Baubeschläge - Beschläge für Schiebetüren und Falttüren keine Anwendung. Dabei gibt es die Klasse 1. Das ist die Schiebetür. Die wäre für dich deutlich ungefährlicher gewesen.

Lerneffekt: wenn ich hier ohne Helm überleben will, bewege ich mich einfach wie alle übrigen Passagiere: gemächlich!
Alles andere macht auch überhaupt keinen Sinn. Nach einem Tag ist der Begriff „Hektik“ bereits aus meinem Grundwortschatz gestrichen. „Wann gibt's hier endlich was zu essen?“ und „Schmeckt mir nicht!“ übrigens auch. Genauso FTF, DNF und SBA, denn augenscheinlich waren wir die einzigen Cacher an Bord. Für die meisten bedeutete hier „outdoor“, dass sie nach dem Essen mal kurz die Nase auf Deck in den Wind hielten, um dann festzustellen, dass der Seewind gegen das Werk des Bordfriseurs auf Deck 1 ankämpft. Und dabei meist gewinnt. Affinitäten

für elektronisches Equipment manifestierten sich in der Benutzung sündhaft teurer Digitalkameras. Dabei bot ich gerne meine kompetente Unterstützung an, wenn mal wieder eine benerzte Dame das Objektiv mit dem Sucher verwechselte.
Schuld am dauerhaften Verlust eines Hungergefühls tragen unter anderem die Restaurationen des Lido-Bereichs auf Deck 9. Das klingt zwar nach nackten Brüsten und langen Beinen, die die Luft im Takt des Can Can zerschneiden, ist aber in der Realität dieses Dampfers eine buchstäbliche Fressmeile. Auf der gesamten Länge des Schiffes reiht sich hier ein Buffet an das nächste. Quasi rund um die Uhr findet hier jede Geschmacksperversion ihre Befriedigung. Nachdem sich die Enttäuschung über ausbleibende Tanzdarbietungen des frivol-französischen Pendants verflüchtigt hatte, beschlossen wir eine kleine und leichte Mahlzeit zu uns zu nehmen, um beim ersten abendlichen Dinner nicht durch ekstatische Fressattacken in Erscheinung zu treten. Verschiedene Wurstsalate, etwas Fisch (Salz- und Süßwasser), mehrere Wienerschnitzel sowie Reis- und Gemüsevariationen landeten kurzfristig auf den Tellern und wenige Augenblicke später im Magen. Noch während ich versuchte, einige Energieressourcen aus der Magenregion wieder ins Gehirn umzuleiten, um mir die Frage zu beantworten, wie jetzt überhaupt noch ein schmackhaftes Dinner in diesem Bauch Platz haben sollte, zog mich Bernhard an Deck. Es galt, dem Ablegemanöver und der Ausfahrt aus dem Hamburger Hafen beizuwohnen. Leider hatten wir die Zeiten nicht richtig studiert und so waren wir zwei Stunden zu früh. Das entstandene Zeitfenster nutzten wir bei zwei ordentlichen Stücken Schwarzwälderkirschtorte, um die gespeicherten Caches für die kommenden Tage in eine sinnvolle Reihenfolge zu bringen. Schließlich hatten wir vor, nicht nur ein Ehrenpünktchen in jedem angelaufenen Land zu ergattern, sondern die jeweiligen Häfen dosenmäßig komplett auf links zu drehen.

Spät am Abend, satt und leicht beschwipst, weil wir uns nach dem Dinner einen Powertrail durch alle Bordbars gelegt hatten, zogen wir uns in unsere Kabine zurück. Wir loggten uns in das nicht gerade preiswerte Bord-WLAN ein. Bit für Bit galt es die nach einer halben Nacht auf See hoffnungslos veralteten Pocket Queries zu aktualisieren und sämtliche Akkus auf einen Außeneinsatz beim ersten Landgang vorzubereiten, auch wenn dieser erst nach zwei Seetagen erfolgen würde. Dann flog die Sicherung unserer Nobelkajüte raus und es wurde dunkel.

Die folgenden beiden Tage verbrachten wir auf See. Das Schiff bollerte auf direkter Route Richtung Stockholm. Das heißt erstmal geradeaus nach Norden, hinter Dänemark rechts ab in den Skagerrak - der mal wieder bewies, dass er auch in der Lage ist, ein fast 300 Meter langes Schiff in vertikale Bewegung zu versetzen - und dann schlängelten wir uns zwischen Schweden und Dänemark hindurch, um später links nach Stockholm abzubiegen.
Schon lange vor Antritt der Reise hatten wir diesen Teil gefürchtet. Kreuzfahrer, die diese Passage bereits gemeistert hatten, warnten uns vor der tristen Monotonie der Seetage. Sie sollten Recht behalten. Die nächste Cache-Dose war viele Seemeilen entfernt und wir ergaben uns den alltäglichen Ritualen. Der immer gleiche Tagesablauf war äußerst deprimierend und ließ uns von Stunde zu Stunde melancholischer werden. Das repetitive Martyrium war geprägt von:
feudalem Frühstück, interessanten Vorträgen, ein wenig Schreibarbeit in der schiffseigenen Bibliothek mit Aussicht auf das Meer, Latte Macchiatos in diversen Coffee Lounges, exquisitem Mittagessen, leichter Schreibarbeit auf dem Bett mit Aussicht auf das Meer, Trüffel-, Lachs- und Kaviarsnacks zwischendurch, Geocaching-Recherchen für die kommenden Landgänge, Teatime im Salon mit Aussicht auf das Meer, mehrgängigem Abendessen im Nobelrestaurant, Tasting von diversen Cocktails, begleitet von einer guten Zigarre[3], genossen in den dicken altenglischen

3 Selbstverständlich haben weder Bernhard noch ich auch nur den blassesten Schimmer, was eine gute Zigarre ausmacht. Der Preis kann ein Indiz sein.

Sesseln der Churchill's Cigar Lounge, zwischendurch einer Gruppe russischer Oligarchen beim Roulette zuschauen und als Abschluss ein wenig im bordeigenen Nachtclub bei guter Livemusik relaxen. Und das alles eingepfercht auf diesem Dampfer mit 300 Metern Länge über 14 Etagen. Es war grausam. Aber nach 48 Stunden konnten wir endlich den Kreislauf durchbrechen und wieder festen Boden unter den Füßen spüren.

Stockholm, 7.45h
Die hyperrealistische Weckersimulation des Telefons tat ihren Dienst. Die Nacht war viel zu kurz. Durch eine mikroskopisch kleine Öffnung der Augenlider sah ich, wie Bernhard versuchte, das nervtötende Geräusch zu eliminieren. Ohne Unterlass fingerte er schlaftrunken auf seinem GPS-Gerät herum, ohne zu begreifen, dass dieses Ding rein gar nichts mit dem schrillen Gebimmel zu tun hatte.
Langsam gewöhnte ich mich an die Entscheidung, eine gemeinsame Kabine zu belegen. Da Arbeit und Freizeit auf dieser Lesereise inhaltlich kaum zu trennen waren, hatten wir uns dazu entschieden, aus unserer Kabine eine gemeinsame Schreib-

Bis zum Schluss konnten wir uns nicht entscheiden, wo der T5-Aufkleber hin soll...

stube zu machen, und wollten außerdem mal wieder ein leichtes Gefühl von Klassenfahrt verspüren. Zudem erheiterte mich der morgendliche Blick in das Bett neben mir, in dem aus einem Berg von Kabelsalat, Kopfhörern, iPad und Laptop gelegentlich ein Teil von Bernhards Körper schnarchend hervor trötete.
Ich ließ ihn in seinem Kampf mit dem falschen Wecker zurück und wollte einen Blick auf Stockholm riskieren. Die Stadt hatte ich bisher noch nicht besucht und war deswegen entsprechend neugierig. Durch die geöffnete Balkontür flossen bereits die ersten warmen Sonnenstrahlen, umrahmt von einem blauen Firmament. In freudiger Erwartung betrat ich meine persönliche Aussichtsplattform in der sechsten Etage ... und blickte von oben herab auf ein Geschwader von Gabelstaplern, die überall herumwuselten, um palettenweise Waren von Sattelschleppern auf die Ladeplattformen unseres Schiffes zu befördern. Soweit das Auge um die nächsten Lagerhallen reichte, standen die LKW in einer langen Schlange, um auf ihre Erleichterung in den Schiffsrumpf zu warten. Aufgrund der überbordenden Größe unserer schwimmenden Kleinstadt, wird das Schiff oftmals in Hafenteile verbannt, die vom Frachtumschlag geprägt sind, da an den älteren Cruise-Terminals einfach kein Platz für so einen Riesenpott ist.
Nach der üblichen Frühstücksvöllerei machten wir uns direkt auf den Weg in die Stadt. Ein Shuttle brachte uns mitten ins Zentrum zum Schloss, welches wir aber erst im Nachhinein als solches identifizierten. Wir hatten uns sträflicherweise kaum auf den Kurzbesuch in der Stadt vorbereitet. Einzig das Vasa Museum war uns ein Begriff, und so hatten wir ein fußläufiges Ziel, zu welchem wir uns erst gemütlich hincachen, dann dort die Ausstellung bewundern und schließlich wieder dosensuchend das Schiffsshuttle erreichen wollten. Diese Methode erzeugt zwar eine gewisse Ignoranz gegenüber den Hauptsehenswürdigkeiten einer Stadt, aber sie ist viel besser geeignet, die Atmosphäre und das originäre Leben selbiger wahrzunehmen.
Auf der Fahrt in die Stadt referierte Bernhard über das Vasa Museum. Er war wohl bei einem schnellen und sauteuren Aus-

flug in das Bordsatelliteninternet am vorausgegangenen Seetag an einem Artikel über eben jenes hängen geblieben.
„Hier handelt es sich mitnichten um eine großangelegte Ausstellung von Knäckebrot, sondern um ein altes Kriegsschiff der Königsdynastie Vasa. Vasa heißt Ährengarbe, taucht im Wappen auf und so schließt sich der Kreis zum Knäckebrot.
Der gute König Gustav, der sich im Dreißigjährigen Krieg mit seiner kleinen Europatournee einen Namen machte, gab das Schiff 1625 in Auftrag, um den katholischen Polen die Danziger Bucht zu verstopfen."
Ich nickte, während ich die Karte in meinem GPS-Gerät bewunderte. Alles voller grüner Kistchen. Wir stiegen aus dem Bus und Bernhard fuhr fort: „Aber auch ein schwedischer König unterliegt der Eitelkeit und als er hörte, dass der dänische Gegner ein ähnliches Schiff baute, war er leicht beleidigt. ‚Ich will mehr!' rief er aus, stampfte dabei auf den Boden und brüllte ‚ich will ich will ich will'. Und dann bekam er mehr und vor allem größere Kanonen auf seinem Schiff. Insbesondere auf dem oberen, dem zweiten Kanonendeck.
Damit veränderte er natürlich den Schwerpunkt des Schiffes, was jeder weiß, der schon mal einen Kleiderschrank hochkant auf dem Dachgepäckträger transportiert hat."
Ich tippte Bernhard auf die Schulter, war er doch in den Himmel blickend dozierend an einer Kreuzung geradeaus gelaufen. Ohne zu unterbrechen drehte er sich um 90° und sprach weiter:
„Natürlich gab es noch einen Test: 30 Mann rannten von der einen Seite des Schiffes zur anderen. Dabei schwankte das Schiff allerdings so stark, dass man den Versuch abbrach. Und so stand der Jungfernfahrt nichts mehr im Wege. Auf gings, raus aus dem Hafen. Ein Windstoß, die kurze Erkenntnis, dass der Schwerpunkt vielleicht doch ein bisschen hoch liegt und nach 20 Minuten war die Party zu Ende - und das Schiff gesunken."
„Ach, die machen ein Museum für ein versunkenes Schiff … ?", murmelte ich beiläufig, mir der Gefahr eines längeren Referats nicht bewusst.

„Ja, es wurde 1961 gehoben, konserviert und steht nun im Vasa Museum. In einer 34 Meter hohen Halle, die über einem historischen Werftbecken extra dafür errichtet wurde, kann das Schiff rundum besichtigt werden. Sieben Ebenen ermöglichen einen Blick auf den Kahn und damit einen Einblick in die Geschichte Schwedens."

Damit war der Vortrag bereits beendet und ich hatte in der Tat große Lust bekommen, mir dieses Schiff im Museum anzusehen. Wegen des vorabendlichen Bar-Multis an Bord ist meine weitere Erinnerung an den Tag in Stockholm jedoch leicht vernebelt. Lediglich ein paar Eindrücke verblieben: Es war ein sonniger, wolkenloser Tag. Die historische Architektur gefiel mir ausgesprochen gut. Einkaufszentren und Fußgängerüberwege aus dem letzten Jahrhundert hingegen befand ich als ausgesprochen hässlich. Sonnendurchfluteten Parks, in denen sich Menschen räkelten, die allen Klischees über die Ästhetik der schwedischen Bevölkerung entsprachen, konnte ich wiederum etwas mehr abgewinnen.
Alle weiteren Details unseres Landgangs versuche ich jetzt anhand der Logs zu den gesuchten Caches wieder zurück in meine Erinnerung zu holen. Meine eigenen geben wenig Informatives, so dass ich auf Bernhards Einträge vertraue, die er mir auf der Reise als besonders respektvoll der schwedischen Cacherwelt gegenüber verkaufte. Wie ich schnell lerne, meinte er damit lediglich die Übersetzungen seiner Kurzlogs ins Schwedische mithilfe eines Online-Übersetzungsprogramms.

(Quelle: geocaching.com)

Die erste Dose lag direkt auf dem Hafengelände, wie sich leicht aus dem Cachenamen ablesen lässt. Was wir dort erlebt hatten, erschließt sich mir nicht sofort:
Bernhards Log aus dem „Skandinavischen" zurück übersetzt, besagt: „Nach einem Jahr in dem Land, und gleich danach, dass bereits vor der ersten Box."

Verschiedene Dispute über den Sinn und die Verwendung von Verben in menschlicher Sprache habe ich in Schweden noch zu meinen Gunsten entschieden. Jetzt muss ich erschreckt feststellen, dass Bernhard fremdsprachliche Abhandlungen nutzt, um möglichst unbemerkt von mir wieder Sätze auf das sprachliche Schafott zu schnallen und mit scharfem Beil die Verben aus den unversehrten Sätzen eliminiert.

Nach der Ankunft am Schloss müssen wir wohl diesen hier gefunden haben:
Strömborn / The current Bridge: „Gefunden sehr schnell. Melden Sie sich jetzt ist er weg ... Mitgefühl."
Etwas ratlos versuche ich, mich an das Ereignis zu erinnern, welches Bernhard zu einem Sturm der Emotionen veranlasst haben muss. Erfolglos.

Bei folgendem Titel ist mir noch im Hinterkopf geblieben, dass der Micro hinter einem Schild am Wasser versteckt gewesen war. Eine Situation, die in dieser Stadt nicht gerade selten vorkommen. Warum Bernhard dadurch in tiefe Kontemplativität versank, weiß ich nicht mehr:
Strandvägen: „Es war wirklich nachdenklich."

Ein weiteres spektakuläres Ereignis muss uns an dieser Bank widerfahren sein:
Djurgårdsbron: „Was für eine Freude. Wir hatten den Cache gefunden. Dann kam ein anderes Team und wir gerade geschickt im Stealth-Modus, weil sie nicht als Cache erkannt worden.

Aber dann eine sehr nette Geste. Alles Gute und lieben Gruß aus Deutschland."
Welche Geste zu interkultureller Begeisterung führte, lässt sich wohl nicht mehr ermitteln.

Und nun kamen wir zum Ziel unserer kleinen Städtewanderung. Ein Park in direkter Nähe des angesteuerten Vasa Museums, in dem eine kleine Dose am Wasser in einem großflächigen Haufen Entenscheiße versteckt worden war:
Nybroviken: „Eigentlich wollten wir zum Vasa Museum gehen. Aber da Schlange war so lang, dass wir haben es sogar brechen einen Cache.[4]"

Auch wenn mir die Argumentation dieses prosaischen Meisterwerks nicht mehr plausibel erscheint (wir haben eine Filmdose ausgekotzt?), zeigt es doch das Hauptproblem unseres nachmittäglichen Planes auf. Da Stockholm durch diverse erwähnte und noch viel mehr unerwähnte Faktoren einen Reiz auf Touristen ausübt, sind gerade in der Hauptreisezeit, zu der wir unterwegs waren, gefühlte Millionen davon in der Stadt. Allein aus unserem Schiff hatte es an diesem Tag 2.000 Menschen in die Stadt gespült. Da das Vasa Museum auf den Listen der zu besuchenden Einrichtungen scheinbar immer an erster Stelle steht, hatte sich ein Großteil aller Touristen hier eingefunden und wegen der Überfüllung brav in einer Schlange organisiert. Die Wartezeit sollte bis zu zwei Stunden betragen. Wir brachen an dieser Stelle unseren Stadtbummel ab und starteten den Rückzug. Dabei entdeckten wir zufällig durch den dezenten Hinweis eines Geocaches das Estonia Monument. Es erinnert an den schrecklichen Untergang der gleichnamigen Fähre von 1994, die zwischen Stockholm und

4 Bernhard: Tobi kan här gillar att göra narr av mig, men jag tycker att det är ett uttryck för artighet när jag försöker tillgodose språkhörande ja anpassa sig till de sann cache installatörer, eller cache Finders tillhör. Så här återigen en hälsning till alla svenskar.
Tobi: Kanske nästa gång du skriver bättre på engelska.

Tallinn verkehrte und bei dem 852 Menschen ihr Leben verloren. Das Monument besteht aus zwei Teilen. Es spannt einen virtuellen Bogen über die Ostsee. Ein Anfang oder Ende steht in Stockholm, das andere im estländischen Tallinn.

Und dort landeten wir am nächsten Morgen an.
Vor dieser Reise war mir gerade einmal der Name der Stadt bekannt, aber ich verband damit keine bestimmte Vorstellung. Mir war noch nicht einmal klar, dass es sich um eine mittelalterliche Stadt am Meer handelt. Und genau diese Kombination wird der hübschen Stadt heute zum Verhängnis. Städteplaner haben es geschafft, die alte Bausubstanz nicht durch moderne Gebäude dazwischen zu bedrängen und so ergibt sich ein wundervoll homogenes historisches Stadtbild. An vielen Ecken hat man den Eindruck, dass auf aktuellen Schnickschnack wie Straßenlaternen, Mülleimer und Verkehrsbeschilderung verzichtet wurde, um das Bild nicht zu stören.
Direkt vor den mittelalterlichen Stadttoren der Stadt wurde nun allerdings ein Anleger für Kreuzfahrtschiffe ins Meer gerammt, so dass selbst die allergrößten, wie unser Cachekahn, problem-

Tallinn

los vorfahren und die Besucher zu Fuß das, in seinen Dimensionen überschaubare, historische Zentrum erreichen können. Allein von unserem Schiff wurden wieder 2.000 Menschen in die Stadt gespült. Aber wir waren nicht die einzigen, so dass von dem anfänglichen Zeitreise-Gefühl mit zunehmender Befüllung nichts übrig blieb. Je mehr Touris sich in die kleinen Gassen ergossen und den Burgberg hinauf wälzten, desto mehr Souvenir-, Getränke- und Snackverkäufer klappten ihre gut gefüllten Verkaufsstände aus irgendeinem historischen Mauerstück und boten ihre Waren feil. Wir beschlossen, es bei ein paar Eindrücken und ebenso vielen gefundenen Stadt-Dosen zu belassen und flanierten zurück zum Schiff. Die Enttäuschung hielt sich in Grenzen, schließlich hatten wir bei einem Spaziergang zwischen Frühstück und Mittagsschläfchen mal eben rasch Estland zu unserer Länderstatistik hinzufügen können.
Auf halbem Rückweg zum Hafen tröstete uns die Gottheit der Dosensucher noch mit einem besonderen Schmankerl: Die Multifunktionshalle „Linnahall“ am Ufer der Ostsee. Ihr eigenwilliges Äußeres verdankt der 1980 eingeweihte Betonbungalow für 6.000 Menschen multiplen Aufgabenstellungen. So sollte keinesfalls der Blick auf die Altstadt versperrt werden, außerdem sollte vermieden werden, eine Eisenbahnlinie zu unterbrechen, die durch das Ensemble führt, und zudem sollte sie auch noch Platz für einige Tausend Menschen, Ausstellungen und Sportveranstaltungen bieten. Von weitem betrachtet, scheint das auch durchaus gelungen. Die Silhouette der Altstadt dominiert das Stadtbild von der Seeseite. Erst wenn man sich dem Ungetüm nähert, werden die wahren Dimensionen sichtbar. Um unser Auge zu erfreuen, hatte man die Halle vor vielen Jahren zugesperrt, so dass sich nun ein riesiger Lost Place in prominenter Lage vor der Hauptstadt Estlands befindet. Leider war er komplett verschlossen und das Risiko einer Inhaftierung wegen Hausfriedensbruchs wollten wir nicht eingehen. Zum Glück war eine Bank vor dem Gebäude „bedost“. Zufrieden kehrten wir zurück an Bord.

Am folgenden Morgen sollte unsere schwimmende Cholesterin-Festung in St. Petersburg vor Anker gehen. Tat sie auch. Genaugenommen lagen wir bereits am Pier, als ich die alten Socken von den Augen nahm, die ich als Schlafbrille gegen die gemeinen weißen Nächte genutzt hatte, die in unsere Reisezeit fielen. Wie üblich befüllten wir unsere Mägen wieder äußerst großzügig und machten uns zeitig auf den Weg.
Im Vorfeld zu dieser Dienstreise über die Ostsee war relativ früh klar, dass unsere Cachefreundin und Kollegin Renate nicht würde daran teilnehmen können. Was natürlich dazu führen musste, dass wir in den Wochen davor verschiedentlich dezent darauf hinweisen mussten, demnächst einen riesigen Flatschen Land namens Russland in unserer Statistikkarte begrünt zu haben. Neben diesen kleineren Flecken wie Estland und Finnland. Die Sticheleien eskalierten mit zunehmender Vorfreude unsererseits zu regelrechtem Mobbing. Mit dem Ergebnis, dass Renate kurz vorher mit einem Ticket für Flug und eine Hotelübernachtung nach St. Petersburg winkte. Unser Ärger hielt nur kurz, hatten wir doch so neben der netten Cachebegleitung auch gleich ein Gerät zur Steigerung unserer Mobilität. Renate stand vor einem kleinen Mietwagen mit laufendem Motor, als wir die Gangway hinunterliefen. Nach einer kurzen Begrüßung befanden wir uns auf dem Weg Richtung Stadt.
St. Petersburg ist wunderschön. Bunt bekleckste Zwiebeltürmchen, großartige Paläste und ausladende Prachtbauten prägen das Stadtbild in der Innenstadt, deren Ausmaße auch die Heerscharen von Touristen und Einwohnern locker ertragen können. Dies alles ließen wir rasch hinter uns und cachten uns in immer weiteren konzentrischen Kreisen um die Stadt, ständig auf der Suche nach dem authentischen Leben jenseits der illustren Postkartenidylle der berühmten Ostmetropole.

Und dazu haben wir eine kleine Fotostory vorbereitet...

Klare Aufgabenteilung: Renate ist dafür zuständig, russische Taxifahrer und Schwertransporter zu überholen, Bernhard verunsichert die aufgebrachten Verkehrsgegner mit einer täuschend echten Pistolenattrappe und ich versuche durch möglichst debiles Auftreten für nichts zur Verantwortung gezogen zu werden.

Die Matrjoschka-Vorbilder russischer Püppchenschnitzer haben sich in den letzten Jahren leicht gewandelt. Ob die Positionierung eine politische Aussage darstellen sollte? An Frau Merkels Stelle würde ich mir jedenfalls Gedanken machen, wenn ich mich zwischen einem pubertierenden Zauberer und einem pubertierenden Senilen wiederfinden würde.

Der Cache Smolenskoe Cemetery führte uns zu einem der merkwürdigsten und mythischsten Friedhöfe, die ich bisher besucht habe.
Es ist der älteste noch genutzte Friedhof der Stadt und erstreckt sich über eine Fläche von mehr als 50 Hektar. Die Gräber sind zum Teil von alten Pflanzen überwuchert.
Der romantische Brauch, manchen Grabstätten ein fotografisches Portrait des Verstorbenen aus jungen Jahren beizufügen, macht den Gang durch die schmalen Pfade zu einer Zeitreise ins frühe 20. Jahrhundert.

Die Dose war mitten auf dem Friedhof versteckt. Was bei uns als pietätlos abgetan würde, fällt auf diesem Gräberfeld nicht besonders auf, denn immer wieder fanden sich zwischen den wuchernden Büschen ältere Herrschaften, die sich dort niedergelassen hatten, um statt den Verstorbenen zu gedenken, still und heimlich ein paar Flaschen Wodka zu leeren. Zusammen mit den Trauernden, Grabpflegern und uns, war somit eine sehr illustre Runde unterwegs, die sich in dem weitläufigen Areal gut aus dem Weg gehen konnte.

Im Angesicht dieser Immobilie schlägt das Herz eines jeden Lost Place Cachers höher. Mit dem entsprechend niedrigen Einkommen haben St. Petersburger Bürger die Möglichkeit, Häuser zu bewohnen, die wir bei uns mühsam für das nächste Fotoprojekt recherchieren müssen.

In den russischen Vorstädten ist man äußerst bemüht, den Bekleidungs-Klischees westeuropäischer Besucher zu entsprechen.

Nach einem langen Tag in der Zarenstadt brachte uns Renate wieder zum Hafen und machte sich auf den Weg zum Flughafen. Unsere Rückreise ging gewohnt gemächlich vonstatten. Spät am Abend wohnten wir in dicken ledrigen Clubsesseln in unserer Lieblingsbar direkt über der Brücke dem Ablegemanöver im äußert großzügigen Hafenbecken bei. Nach einer filigranen Drehung des 300 Meter langen Kolosses fuhren wir hinaus in die Nacht, die nie dunkel werden wollte. Bevor wir unsere Barbrücke verließen, galt es noch der Passage von Kronstadt vor den Toren St. Petersburgs beizuwohnen. Die Bucht von St. Petersburg ist durch den kilometerlangen Petersburger Damm von der Ostsee getrennt. In dessen Mitte liegt die Insel Kotlin, mit der von der UNESCO zum Weltkulturerbe geadelten Festungsstadt Kronstadt. Das Hochwasserschutzbauwerk verfügt über einen kleinen Durchschlupf, durch den große Schiffe gerade eben noch hindurch passen. Von weitem ist dieses Wassertor kaum auszumachen. Mit dem Cocktailglas in der Hand beobachteten wir, wie das Schiff in langsamer Fahrt direkt auf den Damm zu hielt. Es schien die roten und grünen Tonnen, welche das Fahrwasser markieren, förmlich auseinander zu drücken, als wir den Damm passierten. Nach einem Toast auf die Leistung von Kapitän Bruno Carpenter, Schiffsbauingenieuren und Barmixer verließen wir unseren Ausguck, um uns zur Ruhe zu betten.

Vier Tage später waren wir wieder in Hamburg. Natürlich mit einer Pinkelpause in Helsinki, die wir zur Färbung der Karte benutzten.
Vor wenigen Jahren hatte ich mich noch davor gegruselt, in einer schwimmenden Kleinstadt mit Tausenden von gut situierten Damen und Herren mittleren bis längst überfälligen Alters eingesperrt zu sein, und mich mit denen um Quarktörtchen und Theaterplätze für sinnfreie Revuen zu prügeln. Aber es gibt wesentlich Schlimmeres ... und viele dekadente Punkte in neuen, schönen Ländern!

Vom geistigen Labyrinth beim Lösen eines Multis

Kai Knackstedt

Es gibt rechtsdrehende Joghurt-Kulturen und linksdrehende. So scheint es auch bei den Gehirnwindungen zu sein. Und wenn man einmal die falschen aktiviert hat, dann kommt man schwer wieder aus dem geistigen Irrgarten heraus. So auch bei diesem Cache, bei dem ich von Anfang an auf dem Holzweg war.

Knacki's

Gefundene Geocaches: 271

Geloggte Trackables: 15

Entferntester Fund: GC2N29T Collegi Romani (Italien)

„Geocaching ist für mich das Hobby, welches ich zusammen(!) mit meinen drei Töchtern (3, 13, 15 Jahre) und mit meinen Eltern (73 und 80 Jahre) gleichzeitig machen kann. Und bei welchem anderen Hobby ist so was sonst noch möglich?“

Und das geschah so... in diesem März in einer Kleinstadt[1] auf der Schwäbischen Alb. Ich war mehrere Tage beruflich unterwegs - und um die Leerlaufzeiten an den Nachmittagen und Abenden zu überbrücken, suchte ich mal wieder nach einem interessanten Cache in der Nähe meines Einsatzortes.
Dabei bin ich auf folgende Cache-Beschreibung gestoßen:
„Ein ganz spezieller Cache mitten in der Altstadt und der optimale Cache für Schlechtwettertage im Winter. Der Cache befindet sich in der Öffentlichkeit unter den Augen von Muggeln, erfüllt daher nur die Mindestanforderungen an einen Cache und kann leider keine Tauschgegenstände oder Trackables aufnehmen. Die hier angegebenen Koordinaten stellen einen optimalen Startpunkt für die Suche nach dem Cache dar. Nachdem Du den Startpunkt erreicht hast,

1 Um den Cache nicht zu verbrennen, haben wir trotz Einverständnis des Owners, ihn zu benennen, den Ort abgeändert...

bringt Dir das GPS leider nichts mehr. Hier wirst Du auf andere, glücklicherweise vorhandene, technische Hilfsmittel angewiesen sein, rudimentäre Computerkenntnisse könnten von Vorteil sein."
Dieser Cache hörte sich recht vielversprechend an. Obwohl ich beim Lesen der Beschreibung keinerlei Vorstellung darüber hatte, wie man ohne GPS und nur mit Computerkenntnissen einen Cache mitten in einer Stadt finden sollte. Meine Hoffnung war, dass sich der entscheidende Hinweis vor Ort an den genannten Koordinaten befand, schließlich bin ich waschechter ITler und habe schon kompliziertere Probleme gelöst.
Nachdem das Cachemobil in einem Parkhaus untergestellt war, ging ich zu Fuß in die schöne Altstadt. Um 15:00 Uhr stand ich an den angegebenen Koordinaten vor einem öffentlichen Gebäude, der Stadtbibliothek. Die Koordinaten waren somit schnell und gut gefunden, doch keine Spur von einem Hinweis, geschweige denn von einem Cache. So stand ich nun zwischen mehrstöckigen Gebäuden in einer engen mittelalterlichen Gasse. Vor mir und hinter mir eine Hauswand, an der man unmöglich einen Cache hätte verstecken können. Doch dann fiel mein Blick auf ein Schild, das in rund drei Metern Höhe in der Hauswand der Bibliothek angebracht ist. Dieses weist darauf hin, dass das Gebäude früher als Pfleghof zu einem Kloster in der Nähe gehörte. Für mich war sofort klar, dass dies der entscheidende Wink sein musste, den ich beim Lesen der Beschreibung erhofft hatte. Mit diesem Hinweis ging ich nun hinein in die Bibliothek, sicher zu wissen, was als nächstes zu tun war.
Hier fingen die Probleme aber erst richtig an. Mir war aufgrund der Beschreibung klar, dass man nun mit Hilfe eines Computers weitersuchen musste. Gerade das sollte für mich eigentlich kein Problem darstellen. In der Bibliothek standen genügend Recherchecomputer herum, von denen ich mir willkürlich einen auswählte. Ich gab, meinem Instinkt folgend, einfach mal den Begriff „Pfleghof" in der Suchmaske der Bibliothekssoftware ein und wie nicht anders zu erwarten, wurde als Ergebnis eine Liste mit Büchern ausgegeben, die zu dem Begriff passten. Eine lange Liste.

Doch welches dieser Bücher sollte nun das Gesuchte sein? Ich konnte unmöglich die ganze Liste der Bücher absuchen. Damit wäre ich Stunden beschäftigt gewesen. Es ratterte in meinem Kopf: das Buch durfte als Cache die Bibliothek ja nicht verlassen, also musste es ein Buch aus der Liste sein, welches man nicht ausleihen durfte. Und wirklich, es gab nur ein einziges Buch mit einem entsprechenden Vermerk: „Der gewünschte Titel ist nicht ausleihbar, daher auch keine Bestellung bzw. Vormerkung möglich". Dieser Band musste der gesuchte sein. Ich war begeistert, wie hier alles ineinandergriff. Das Schild an der Hauswand der Bibliothek als getarnter Hinweis und dann dieses eine nicht ausleihbare Buch, welches man im Computer auch noch finden musste. Ein perfekter Cache, der zwar kompliziert aber in sich schlüssig und doch recht schnell zu finden war. Stolz kam in mir auf, wie flugs ich der Lösung dieses Rätsels doch auf die Schliche gekommen war.
Doch wo fand ich nun dieses besagte Buch? Die Bezeichnung im System lautete „DAK SCHWA". Das sollte doch eigentlich rasch zu finden sein. Doch der Aufbau der Nomenklatur dieser Bibliothek war irgendwie anders, als ich sie bisher von anderen Büchereien her kannte. Also musste ich erst einmal einen Plan der Bibliothek suchen und dort den Bereich DAK auf dem Grundriss lokalisieren. Nachdem ich einen Lageplan gefunden hatte, der leider fest an einer Wand angebracht war, versuchte ich mir die ungefähre Lage des Bereiches DAK im Gebäude einzuprägen.
Auf der richtigen Etage angekommen, irrte ich doch leicht verzweifelt eine Ewigkeit kreuz und quer durch die endlosen Gänge voller Werke. Dabei lernte ich einen Ficus, der schon traurig seine Blätter hängen ließ, kennen, entdeckte ein leicht vergilbtes und zerknittertes Poster mit Asterix und Obelix und eine gemütlich aussehende Leseecke mit lila bezogenen Stühlen war. Und dann stand ich doch plötzlich vor dem richtigen Regal. Nein nicht ein Regal, es waren fünf an der Zahl, gefüllt mit Büchern, die alle auf dem Buchrücken die Kennzeichnung „DAK SCHWA" trugen. Na klasse – wie sollte ich hier nun das richtige Buch finden?

Die Suche in der Stadtbücherei führt mich durch die Bücherstadt.

So blickte ich also auf die zweimannshohen Büchergestelle und kippte mal den Kopf nach links, mal nach rechts, um die Titel auf den Buchrücken zu lesen: „Schwäbische Studien", „Kirchen auf der Schwäbischen Alb", „Pfleghöfe in Württemberg". Nach drei schier endlosen Buchreihen hatte ich vom Kopf hin und her Kippen dann erst einmal die Nase voll vom Suchen. Es musste doch noch einen anderen Weg geben, ohne dass mir noch vom ewigen Kopfwackeln schlecht wurde. Wie war noch der Hinweis im Cache: *„Wichtig: Der Cache muss wieder genauso platziert werden, wie Du ihn gefunden hast. Falls Du damit Probleme hast, lass Dir dabei helfen, siehe Logbuch. Bitte verhalte Dich der Location angemessen leise."*

Doch wen sollte ich um Hilfe fragen, ohne mich lächerlich zu machen? „Entschuldigen Sie bitte, ich suche einen Geocache in Ihrer Bibliothek, können Sie mir vielleicht sagen, wo ich diesen finde?" Nein, dafür war ich einfach zu stolz – ein solches Vorgehen entsprach überhaupt nicht meiner Cacher-Philosophie. So setzte ich meine Suche auf eigene Faust fort. Nach weiteren 30 Minuten Kopfschütteln hatte ich dann schon ein leichtes Schädelbrummen. Ich war mit der Suche durch, hatte aber immer noch nichts gefunden was mir half. War ich am richtigen Regal?

Also noch einmal zum Computer und noch einmal die Suchmaschine genutzt und das Suchergebnis noch einmal genau analysiert. Aber es tauchte beim besten Willen kein weiteres Buch in der Liste auf, das auch hätte passen können.
Also wieder zurück zu den mir bekannten Regalen und nochmals alles abgesucht. Strecken, beugen, in die Knie gehen und den Kopf zur Seite nehmen - langsam kam ich mir vor wie im Gymnastikunterricht. Parallel zur Sportübung stieg mein Frustfaktor. Denn auch dieses Mal war das Gesuchte nicht dabei. Ich fluchte leise in mich hinein, darauf bedacht den vorgenannten Hinweis, mich angemessen zu verhalten, zu beherzigen. Ich griff zum wiederholten Mal zu meinem Handy, las noch einmal die Cachebeschreibung und die letzten Logeinträge durch, suchte verzweifelt nach einem weiteren, vielleicht versteckten Hinweis, der mir hier vor Ort helfen könnte, das Buch zu finden. Vergeblich.
In meiner Verzweiflung marschierte ich letztendlich doch zum Informationsschalter zu einer recht streng blickenden Dame, die hinter einem PC saß. Denn was sollte ich tun? Die Suche oder meine Prinzipien aufgeben? Ich entschied mich für Letzteres und fragte somit nach dem von mir gesuchten Buchtitel, der für mich in den Regalen einfach unauffindbar war. Die Dame blickte mich etwas irritiert und wenig freundlich an. Vergeblich suchte ich nach einem Lächeln in ihrem Gesicht, denn einige Cacher hatten in ihren Logs von recht positiven Erfahrungen mit den Bibliothekarinnen berichtet, die ihnen wohl lachend und sehr hilfsbereit bei der Suche geholfen hatten. Doch diese Dame zeigte mir kein Schmunzeln. Ich wurde unsicher. Sie verschwand darauf komplett hinter ihrem PC-Monitor. Sekunden später erhob sie sich und sagte ohne mit einer Wimper zu zucken: „Kommen Sie bitte, ich zeige Ihnen, wo Ihr Buch steht.“ So folgte ich ihr und es ging wieder zurück in das Labyrinth aus Regalen, in dem ich mich schon recht gut auskannte, vorbei an dem durstigen Ficus, dem ich am liebsten ein Glas Wasser spendiert hätte, Asterix schenkte ich ein müdes Winken und dann ging es wieder links in Richtung

lila Sitzecke und zurück zu den mir bereits sehr vertrauten Regalen mit den Württembergischen Nachschlagewerken.
Die zierliche Dame startete nun vor den meterhohen Bücherständern mit einer etwas anderen Gymnastikübung ihre Suche: auf den Zehenspitzen stehen, Arme hoch nehmen, Buch heraus ziehen und wieder hineinstecken, Arme runter nehmen, zwei Schritt nach links tippeln und dieselbe Übung noch einmal von vorn. Aber auch sie wurde nicht fündig.
Kurzum erklärte sie mir, dass eigentlich eine Kollegin für diesen Bereich zuständig ist, und sie nun erst einmal kurz überlegen müsste, wo mein Buch zu finden sei, denn da sein müsste es auf jeden Fall.
In mir keimte Hoffnung auf, dass es sich hierbei wirklich um das gesuchte Buch handeln musste. Denn wenn es so gut versteckt war, dass es selbst die Bibliothekare nicht so ohne weiteres fanden, musste es ja einen guten Grund dafür geben. Die Suche nach dem Cache wurde immer spannender. Die Dame ging wieder zurück an ihren PC und schließlich tauchte ein erstes Lächeln auf ihrem Gesicht auf. Sie nickte, stand auf, ging an ein Regal hinter sich und zog dort einen grauen, dicken und gut gefüllten Aktenordner heraus, den sie mir lächelnd überreichte. Mein Herz klopfte. „Es handelt sich hierbei um ein Magazin, deswegen steht das hier", erklärte sie mir. Das musste das Logbuch sein, schoss es mir durch den Kopf. Hastig nahm ich den Ordner, bedankte mich artig für die Hilfe und verzog mich in die Leseecke mit den lila Stühlen. Erst jetzt fiel mir auf, dass ich in der Zwischenzeit fast alleine in der Bibliothek war. Durch ein Fenster blickte ich auf die inzwischen dunkle und leere Gasse, auf deren nassem Kopfsteinpflaster sich das Licht der Straßenlaternen spiegelte. Ein kurzer Blick auf mein Handy zeigte, dass ich schon fast drei Stunden in der Bücherei nach dem Logbuch suchte.
Nachdem ich es mir auf einem der lila bezogenen Stühle bequem gemachte hatte, öffnete ich vorsichtig den dicken Aktenordner, gespannt was ich nun finden würde. Zu meiner Enttäuschung war es nur eine Sammlung von Zeitungsberichten über die Kir-

chengeschichte des Ortes, die säuberlich aufgeklebt und einzeln in Klarsichthüllen abgelegt waren. Beim ersten schnellen Durchblättern des Ordners konnte ich jedoch beim besten Willen nichts entdecken, was wie ein Logbuch aussah. Verzweiflung stieg in mir auf. Beim zweiten Durchblättern wurde nun jeder Zeitungsartikel, jede Hülle akribisch von mir untersucht, in der Hoffnung, dass sich das Logbuch vielleicht zwischen den Seiten versteckte. Ganz nebenbei erfuhr ich, dass der Pfleghof im Mittelalter der Wirtschaftshof eines Klosters war, 1857 dann in einen Tanzsaal mit Stuckdecke umgewandelt wurde, 1891 für 58.000 Mark an einen Produzenten für Transparenzfolie verkauft wurde und nach dem Krieg die Amerikaner hier Munition lagerten. Spannend - doch meine Suche nach dem Logbuch blieb weiterhin erfolglos.
Durch eine Lautsprecherdurchsage, die die Besucher darauf hinwies, dass die Bibliothek geschlossen würde und man sich zu den Ausgängen begeben sollte, wurde ich aus meinen Gedanken gerissen. Irritiert stierte ich noch eine Weile auf den Ordner, der mir kein Geheimnis preisgeben wollte. So nahm ich ihn und legte ihn wieder an der längst verwaisten Information ab. Ich begab mich zum Ausgang, frustriert von meiner Erfolglosigkeit, denn meine Suche vor Ort hatte bisher vier Stunden gedauert – wo lag denn nur mein Fehler? Oder war das Logbuch gar gemuggelt worden? Ich beschloss, den Owner zu kontaktieren.
Noch am gleichen Abend mailte ich ihn an und berichtete ihm von meiner Odyssee in der Bibliothek, mit der Bitte mir doch einen Hinweis zu geben.

Die Antwort ließ nicht lange auf sich warten und noch am Abend erreichte mich folgende Mail:

```
Hallo,
wow, da hast Du richtig Zeit und Aufwand rein gesteckt.
Ich muss Dir aber leider desillusionierend sagen, dass Du da völlig auf dem falschen
```

Dampfer gewesen bist. Das Schild außen an der Bücherei hat mit dem Cache gar nichts zu tun. Trotzdem könnte es sinnvoll sein, das elektronische Suchmittel einzusetzen und so nach dem Cache zu suchen. Fällt Dir dazu eventuell ein passender Suchbegriff ein?
Viele Grüße

Spontan fiel mir KEIN passender Begriff ein und so verbrachte ich die Nacht unter anderem damit, dass ich immer wieder aufstand, um per Handy im Online-Katalog der Bibliothek nach dem verflixten Cache zu suchen. Schließlich stieß ich dabei auf eine neue heiße Spur.
Am Morgen, noch mit dem Frühstückskaffee in der Hand, tippte ich dann auf meinem Laptop im Büro:

Hallo Owner,
ich habe die halbe Nacht darüber gegrübelt, welcher Suchbegriff mich dem Ziel näher bringen könnte! Der Begriff „Suchmaschine" führte mich zu einem sehr interessanten Buch: „Mein Leben als Suchmaschine" - das wäre doch passend für unser Hobby als Geocacher, oder? Sieht dieser Weg besser aus, oder denke ich schon wieder zu sehr um die Ecke?
Gruß

Ich glaube der Owner konnte schon nicht mehr vor Lachen, denn seine Antwort war wie folgt:
Hallo,
Du denkst einfach zu kompliziert.
Die Suchmaschine findest Du in der Bücherei und der Suchbegriff ist ein ganz einfacher und hat mit dem Cache an sich zu tun.
Viele Grüße

Meine Antwort lautete:
Hallo Owner,
irgendwie bin ich es wohl nicht mehr gewohnt, gradlinig zu denken. In der Region um Achern,

wo ich primär unterwegs bin, sind fast alle Rätselcaches nur durch mindestens dreimal um die Ecke denken zu lösen.
Also noch mal von vorn, ganz einfach wäre folgendes Buch als Lösung, wenn man mal nach dem Begriff „Cache" sucht: „Cache! Wir finden ihn! Ein Geocaching-Roman" Und dieses Buch ist auch im Bestand der Bibliothek zu finden. Immer noch zu kompliziert gedacht?
Gruß

Reaktion des Owners:
Definitiv zu kompliziert.
Google hat damit nix zu tun. Die Bücherei hat ihre eigene Suchmöglichkeit.

Wieder meine Antwort:
Ich suche ja gar nicht über Google sondern übers Internet, direkt im Bestand der Bibliothek.
Dort müsste ich doch fündig werden, oder ist dieser Ansatz auch schon wieder falsch? Wonach soll ich denn nun im Bestand suchen? „Cache", „Suchmaschine", ist ja alles zu kompliziert, sagst Du!

Und die des Owners:
Die Suchmaschine ist schon mal die richtige.

Ganz, ganz langsam dämmerte es mir. Sollte es dem Owner wirklich gelungen sein, seinen Cache offiziell als ein eigenständiges Buch in der Bibliothek einzustellen und somit auch in die Datenbank der Bibliothek einzupflegen? Kaum hatte ich in die Suchmaschine unter Schlagwort den Geocache-Code GCGMTE[2] eingetragen, zeigte sich zu meinem Erstaunen auf meinem Bildschirm der kryptische Standort des Logbuchs in der Bibliothek: „Nicht entleihbar / Nachschlagewerke / 6.1 Bibl". Einfach genial,

2 Wär' zu einfach, wenn das der richtige GC-Code wäre, oder?

was dem Owner hier gelungen ist! Auf diese Idee wäre ich nie alleine gekommen!
Am nächsten Tag fuhr ich somit erneut zur Bibliothek, mit den richtigen „Koordinaten" des Logbuchs auf einem Zettel. Vor Ort stand ich wieder in dem Labyrinth aus Bücherregalen – aber hoffentlich nicht mehr in meinem geistigen. Mit eiligem Schritt ging es vorbei an dem traurigen Ficus, doch dieses Mal ging es nicht in Richtung Asterix, sondern in Richtung Vorleseecke. Vor Ort stellte ich dann wieder erneut fest, dass es wohl mehrere Regale gab, in denen das Buch stehen konnte - kurz kamen die Zweifel des Vortages auf, doch nun war ich erfahren genug, mich diesem Problem zu stellen. Buch um Buch zog ich mit der von der Bibliothekarin abgeschauten Technik die guten Stücke aus den Regalen, stellte sie wieder zurück, griff nach dem nächsten, bis ich überraschend das lang gesuchte Buch in meinen Händen hielt. Ein Logbuch wie man es in einer Bibliothek nicht hätte besser verstecken können - es war ein Buch im DIN A5-Format mit festem Einband und mit einem offiziellen Label der Bibliothek auf dem Buchrücken. Äußerlich war es auf den ersten und zweiten Blick von den anderen Büchern in der Bibliothek nicht zu unterscheiden.
Glücklich nahm ich das Buch an mich und verzog mich damit in die schon fast heimeliche Leseecke mit den lila Stühlen. Dort schlug ich es auf und loggte meinen Besuch. Erleichtert stellte ich das Logbuch wieder brav zurück ins Regal.
Auf dem Weg zum Ausgang kam ich noch ein letztes Mal an dem Ficus vorbei, dem ich zum Abschied und in Spendierlaune einen Schuss Feuchte aus dem Getränkespender ausgab, den er in einem Zug herunter schlotzte.

Glücklich, zufrieden und schmunzelnd über mein geistiges Labyrinth verließ ich dieses Mal schon nach nur 20 Minuten die Bibliothek. Warum einfach, wenn es auch kompliziert geht …

CACHEN: DEN WALD BEI NACHT ZU ERLEBEN, IST EIN GANZ EIGENES ERLEBNIS!

FREI-tag-NACHT

Tobias Zimmermann

Diverse Klatschmagazine in Funk, Fernsehen und zahlreichen Käseblättern beweisen es: die Lust der Menschen auf Nachrichten aus der Promiwelt ist ungebrochen. Nur sind die Berichte in den seltensten Fällen authentisch! Meist werden sie von den Protagonisten und überzeugten (Selbst-)Darstellern zensiert oder inszeniert. Aber es gibt Informanten, die einen Blick hinter die Kulissen erlauben, ohne durch die egozentrische Brille des Beschriebenen schauen zu müssen. Roh und ungeschminkt.
Ich, der Tobi, werde hier ganz idealistisch und ohne die Tantiemen großer meinungsverblödender Zeitungen ein solches Bild von Bernhard Hoëcker liefern. Als sein Freund, Techniker, Koautor, Hundesitter und Seilsackschlepper kann er nichts vor mir verbergen. Immer ganz nah dran, folgt hier ein Bericht aus dem „Inner Circle“:

Das Leben eines Bühnenkünstlers ist mitnichten immer von Glamour und Müßiggang geprägt. Jeden zweiten Morgen neben dem Infinity Pool eines ebenfalls prominenten Buddys zu erwachen und verkatert den engagierten Supermodells dabei zuzuschauen, wie sie sich splitterfasernackt im Morgentau mit Champagner die Trüffelreste zwischen ihren Brüsten herausspülen ... ist dann doch ein überzogenes Klischee aus dem Boulevardblätterwald, oder ein stinknormaler Donnerstagvormittag bei Rolf Eden.
In Wirklichkeit gehen das ständige Reisen und ein Leben aus dem Koffer hart an die Substanz. Der eigene Geburtstag wird im Stau auf der A7 begangen, von der Geburt des Kindes erfährt er erst Tage später, wenn er es geschafft hat, den Ausgang aus dem Betonlabyrinth einer Schulaula im Harz zu finden, und die einzige Frau, die noch wohlwollend mit ihm kommuniziert, ist die aus dem Navigationsgerät. Morgens im Hotel bleibt ihm nur der verstohlene Blick auf den Werbeprospekt der Unterkunft, um sich

wieder in Erinnerung zu rufen, in welcher Metropole er am Vorabend überhaupt eingecheckt hat. Unregelmäßige Nahrungsaufnahme und die wenigen Stunden Schlaf vor der Weiterreise sind äußerst ungesund. Die Psyche leidet unter der Bürde ständiger Verantwortung für das umgebende Team, das von der Kunst des Künstlers mit durchgefüttert werden muss. Allabendliches Lampenfieber und der ständige Vergleich mit den Kollegen, die ihn überheblich von den Plakatsammlungen in den Katakomben der Theater angrinsen, nagen am Selbstwertgefühl. Die Einsamkeit auf der Bühne, wenn hunderte irritierte Augenpaare reaktionslos auf den Protagonisten starren, weil die Pointe mal wieder nicht funktioniert hat, zerstört jedes Selbstbewußtsein. Dann bleibt ein kleines Mikrofon das einzige, an das er sich klammern kann, um sich dahinter erfolglos zu verstecken. Stundenlange Vorbereitungen vor jeder Show, um sich auf Land und Leute der so verschiedenen Regionen einlassen zu können und dem Humor eines jeden Winkels der Republik gerecht werden zu können, verbrauchen die Konzentration für die eigentliche Darbietung. Arbeitszeiten, die vor allem dann stattfinden, wenn andere ihre Freizeit genießen, sind der Killer sämtlicher privaten Kontakte.
Nach dem Auftritt kommt die große Leere. Das Bühnenlicht ist erloschen und der letzte Zuschauer trägt die Euphorie der Show weit weg in die Nacht. Der tosende Applaus hallt nur noch dumpf im Kopf des Künstlers, wenn er einsam und ohne seine Maskerade in die dunklen und verwaisten Ränge blickt. Es ist eine ständige emotionale Achterbahnfahrt, und wie dort, ist das Ziel immer an der tiefsten Stelle. Das hinterlässt im glücklichsten Fall eine schwere Depression.
So wird der missverstandene Alltag des einsamen Stars zur bitteren (Tor-)Tour!

Allerdings nicht bei Bernhard!
Sein ungebrochenes Faible für lange Reisen und die berufliche Leidenschaft, die es ihm ermöglicht ohne Lampenfieber eine Bühne zu betreten, verhelfen ihm zu einem stressfreien Tourall-

tag. Ein Körper, der voll und ganz auf Fastfood und Frikadellen zum mittäglichen Frühstück eingerichtet ist, trägt zu einer guten Konstitution bei. Die Spontaneität auf der Bühne widerspricht einer akribischen Vorarbeit, so dass immer noch genug Zeit für Freizeitbeschäftigungen bleibt. Welche das sind, dürfte in diesem Buch klar werden. Falls nicht: fragt den Typen neben euch auf dem Sofa, der euch das Buch geschenkt hat. Der mit dem Nachtsichtgerät.

Und da wäre noch der Punkt mit dem Team: Die Entourage von hochspezialisierten Technikern und Helfern, die es schaffen, jeden Auftritt in ein Meer aus Farben und seine Worte und Gesang in einen betörenden Klangzauber zu verwandeln.

Das bin ich.

Dazu kommt nun, dass wir es beide gerne mögen, die Zeit zwischen den Auftritten, vor allem die Off-Tage[1], mit dem Suchen von Dosen zu verbringen. Dass eine solche Unternehmung nicht immer zu aller Zufriedenheit verläuft, soll exemplarisch folgendes Protokoll belegen, welches ich nach einem dieser Tage im letzten Jahr auf der Heimfahrt angefertigt habe.

Anfang August, ein Hotel (n)irgendwo im Osten Deutschlands...

10.50h

Das Zimmertelefon klingelt. Die Dame von der Rezeption meint, sie wären kurz davor, meine Zimmertür öffnen zu lassen, da ich seit einer Stunde auf keinen der Weckrufe reagiert habe. Ich war

1 Bernhard: Für den unbedarften Leser darf ich das Fachvokabular vielleicht kurz übersetzen. Off-Tage sind Tage, die zwischen zwei Auftritten liegen, aber nicht mit Bühnenengagements versehen sind. Also Tage, an denen Tobi Geld bekommt, ohne zu arbeiten.

Tobi: Da darf ich mich auch noch mal kurz einmischen: mir ist es aus rein logistischen Gründen ja auch nicht möglich, an diesen Tagen für ein paar Taler jemand anderem meine tontechnischen Dienste anzubieten. Außerdem ist das so eine Art Schmerzensgeld, wenn ich mal wieder gezwungen werde, mit dem Chef diese komischen Plastikdosen aus Bäumen, Bunkern oder verrosteten Strommasten zu bergen.

vor 50 Minuten mit Bernhard zum Frühstück verabredet, um die Unternehmung des Tages zu besprechen. Leider war ich erst kurz zuvor eingeschlafen, da ich die ganze Nacht gebannt einen 240-seitigen Thread im Grünen Forum zum Thema „Hart am Limit: Cachen bei Nieselregen - erlaubt?“ durcharbeiten musste.

10.54h
Pirsche mich von hinten durch die Küche in die hinterste Ecke des Frühstücksraums. Bernhard ist nirgends zu sehen. Um zu simulieren, schon lange vor ihm dort gewesen zu sein, breite ich rasch eine Zeitung auf dem Tisch aus, fische vom Boden eine Handvoll Croissant-Krümel und verteile sie großzügig auf der noch jungfräulichen Tischdecke.

11.20h
Bernhard betritt, mit seinem Laptop unter dem Arm und dem angeleinten Hund, frisch geduscht und gut gelaunt den Raum. Ich weise ihn wegen seiner Verspätung aufs Schärfste zurecht.

11.22h
Nach einer kurzen Begrüßung werden die Tagesordnungspunkte für unser Arbeitsfrühstück festgelegt. Bei einem gelangweilten Blick in den digitalen Kalender, um die Entfernung zum nächsten Auftrittsort zu ermitteln, muss ich frohlockend feststellen, dass dort als einziges Ziel „Off-Day“ vermerkt ist. Unausgesprochen steht sofort fest: das wird ein Cache-Tag!
Ganz oben auf der Agenda zur Planung unseres heutigen Outdoorabenteuers steht nun die Ermittlung präziser GPS-Koordinaten einer zünftigen Gastwirtschaft. Das Frühstücksbuffet ist nämlich seit 22 Minuten abgebaut. Die freundliche Servicekraft ist nur noch gewillt, den Kaffeevollautomaten wieder in Betrieb zu nehmen und bringt kurz darauf einen beeindruckenden Industriestaubsauger in Stellung.

11.30h
Eine rüstige Rentnerin bittet Bernhard um ein Autogramm auf einer Stoffserviette. Sie ist zutiefst gerührt, ihn, während er hier so ganz normal herumfrühstücke, persönlich zu treffen. Aufgrund der Potenz des Sauggerätes verläuft die für mich überraschend emotionale Unterhaltung nur über gegenseitiges Anbrüllen.

11.36h
Die Dame mit der beschriebenen Serviette rollt schnaubend zurück an unseren Tisch. Sie gibt das Schriftstück erbost wegen absoluter Unleserlichkeit der Unterschrift zurück. Ich schaffe es gerade noch rechtzeitig, dem Hund kräftig auf den Schwanz zu treten, um mit dem schmerzerfüllten Aufjaulen Bernhard abzulenken. Er setzte gerade wutschnaubend dazu an, der graphologisch verwirrten Dame den Unterschied zwischen Kalligraphie und seiner berufsbedingten Vielsigniererei zu verklickern.

11.38h
Die Dame ist weg, der Staubsauger auch. Es kehrt etwas Ruhe ein. Nachdem Bernhard sich in Richtung Rezeption verdrückt hat, entgleitet mir die Recherche für die heutigen Aktivitäten, da ich mich fahrlässig prokrastinatorisch einmal quer durch Wikipedia klicke. Als ich gerade bei http://de.wikipedia.org/wiki/Cargo-Kult[2] angekommen bin, kommt Bernhard aus dem Hotelbüro mit einer geliehenen Rolle Paketklebeband und befestigt testweise sein GPS-Gerät, eine Helmkamera und ein überdimensioniertes Akkupack am Körper des nun leicht gebückt trottenden Hundes.

---

2 Bernhard: Liebe Leser, beim Cargo-Kult handelt es sich um eine kultische Bewegung Melanesiens. Als die Europäer diese ehemals isolierten Menschen besuchten, brachten sie Fracht, „Cargo", mit. Am bekanntesten dürfte der Versuch sein, mit nachgebauten Landebahnen, Kopfhörern aus Holz und dem Nachsingen von Funksignalen die amerikanischen Frachtflugzeuge zurückzurufen, die im Zweiten Weltkrieg dort massenweise gelandet waren.

14.01h
Dreiundzwanzig Latte Macchiato später...
Die Recherchen für den Tag sind abgeschlossen. Genau genommen haben wir lediglich herausfinden müssen, in welcher Region Deutschlands wir an diesem Morgen erwacht sind, um dann unser Netzwerk von befreundeten Cachern weitläufig mit SMS zu bespammen.
Nun warten wir auf Antwort.
Den entstandenen Freiraum nutzt Bernhard, um etwas Kaffee-Kondensmilch-Zuckerpampe auf seinem Kletterhelm zu verteilen. Seine übereifrige Putzhilfe hatte das Teil zuvor gewienert und mit diesem Anschein der Unberührtheit könne er sich ja kaum in der Natur blicken lassen.

14.12h
Plötzlich eine SMS aus der Region: es soll einen fantastischen Nachtcache geben. Ein Wald voller Reflektoren, um den Weg zu weisen, technische Raffinessen in der Dunkelheit, knackige Rätseleien, waghalsige Klettereinlagen und die finale Befahrung eines lange verlassenen, aber noch teilmöblierten Kommandobunkers der NVA, haben unsere Begierden getriggert.

14.30h
Aufgrund der Unmengen an Koffein fühlen wir uns im fußballfeldgroßen, lichtdurchfluteten Frühstücks-Atrium bedrückend eingezwängt und so begeben wir uns auf den Hotelparkplatz zum Cachemobil für einen raschen Ausrüstungscheck.

Uns fehlen nicht nur großkalibrige Klettersteigsets und Thermosocken, wir haben auch keine leistungsfähige UV-Lampe, um phosphoreszierende Hinweise über mehrere Meter Entfernung hinweg sichtbar machen zu können.
Wir sind sofort euphorisiert, denn dieses Ausrüstungsloch gilt es auf der Stelle zu stopfen. Innerhalb kürzester Zeit haben wir die

Adresse des nächst gelegenen Outdoor-Ausstatters ergoogelt und fallen dort wenig später durch die Tür.
Unser Blick schweift über unberührte Natur und Wälder soweit das Auge reicht. Und es reicht sogar bis zu den Ringösen an den Enden der großformatigen Banner. Und statt Nadel- und Tannenduft ist das komplette Geschäft erfüllt vom scharfen Geruch der aushängenden frischen PVC-Werbung. Mir wird übel, da sich die beiden Hirnlappen, die fürs Gucken und Riechen zuständig sind, wegen dieses Widerspruchs kräftig in die Wolle kriegen.

15.15h
Wir haben es geschafft, die Mitarbeiter der Kletter- und Taschenlampenabteilungen komplett um uns zu versammeln und vermitteln ihnen großzügig unser umfassendes Wissen über ihr Angebot. Bernhard hatte noch auf der Hinfahrt diverse Internetforen zum Thema Handleuchten leergelesen. Bei Formulierungen wie „ ... Lampe, kannste nen Langstrecken-Bomber vom Himmel leuchten ...“ und „der beste Flakscheinwerfer für die Hosentasche ...“, schauen die Kunden nebenan in der Kniebundhosen-Abteilung leicht verstört zu uns herüber. Ein älterer Herr lässt sich in diesem Zusammenhang dazu verleiten, Bernhard auf seine Hitler Darbietungen im Privatfernsehen anzusprechen. Als klar wird, dass er eine satirische Darstellung des Demagogen für beschämend hält, steckt Bernhard seine eigene Autogrammkarte wieder ein und gibt die Privatnummer von Michael Kessler für weitere Beschwerden heraus.
In der Zwischenzeit habe ich unseren Vortrag beendet und bitte die anwesenden Fachverkäufer Fragen zu stellen.
Wir bekommen zwar weder Applaus noch ein angemessenes Honorar für unsere spontane Mitarbeiterschulung, aber dafür beim Verlassen der Ladenräume einen saftigen Mengenrabatt und ein paar helfende Hände zum Verladen der Einkäufe.
Ab hier ist der für den Hund zur Verfügung stehende Platz im hinteren Teil des Fahrzeugs leider nicht mehr als artgerecht zu betrachten.

16.05h
Bernhard lenkt den Wagen vom Parkplatz und ich versuche mit dem Smartphone eine Internetverbindung aufzubauen, um mit dem Tablet einen GPX-File zu erstellen, welchen ich mir dann über das Notebook in das GPS-Gerät zu laden gedenke, um damit weitere Informationen zu unserem anstehenden Cache heraus zu finden. Unter anderem interessieren mich brennend die nicht ganz unerheblichen Details „Parkplatz- und Startkoordinaten". Meine Anfragen verlieren sich regelmäßig in gigantischen Funklöchern. In meinen Adern macht sich aufgrund der provinziellen Netzabdeckung Cholerik breit. Bernhard mag keinen Stillstand und fährt erstmal irgendwo hin.

16.38h
Auf die Kollegen ist Verlass: wir bekommen eine SMS mit den erforderlichen Positionsdaten.

16.54h
Gewappnet für alle Eventualitäten erreichen wir den Ort der übermittelten Parkkoordinaten.
Kleidungswechsel, die Wanderstiefel mit neuen Schnürsenkeln aus der Weltraumforschung versehen, ultraleichte Trekkingnahrung eingepackt, Gurte, Abseilgeräte und Seile verstaut, Akkus aus den mobilen Fahrzeugladeschalen auf die Elektronik und Lampen verteilt, ... nach diversen Vorbereitungen kann es endlich losgehen.
Dann der Schock: es ist Anfang August.
Die Dämmerung, oder gar Dunkelheit, welche für die Verfolgung des Reflektoren-Trails zwingend von Nöten ist, liegt noch in weiter Ferne. Schuldzuweisungen für diesen Teil der Planung verhallen ungehört in den Weiten des sandigen brandenburgischen Waldbodens. Der vierbeinige Mischling ist enttäuscht. Chromosomal mit einer guten Portion Jagdhund versorgt, liebt er es, im Wald Hasenartigen und Dammwild aufzulauern und

mit einem diabolischen Lächeln auf den Lefzen mit maximaler Beschleunigung hinterher zu jagen. Leider dominieren beim Erreichen der potentiellen Beute dann die Gene seiner hütenden Hunde-Ahnen. Plötzlich erscheint es ihm wesentlich sinnvoller, die Waldtiere in Gruppen zusammen zu treiben und einzukesseln, was ihn aber wenig später außerordentlich deprimiert, da nun niemand mehr die Rolle des panisch flüchtenden Opfers spielen möchte. So robust Hundemischlinge physisch auch sein mögen, die Gene von Jagd- und Hütehunden gleichzeitig verbaut zu haben, muss mittelfristig schwere Schizophrenie und Zwangsneurosen auslösen.

17.10h
Nachdem wir eine Nachricht an die interessierten Informanten absetzen, dass die Sonne in Brandenburg erst viel später zu unseren Gunsten verschwindet, als geplant, fahren wir zu einem Biergarten um die Ecke. Dort füllen wir unsere Energiereserven mittels gut geölter Kartoffelstäbe und panierten Fleischscheiben - angeblich vom Schwein. Gut gesättigt werden dann zahlreiche Kinder mit dem von uns verschmähten Dessert vom Klettergerüst weggelockt, so dass mehrere Kurzseile und Standplatzsicherungen installiert werden können. Auf dem Trainingsplan stehen diverse Abseilvarianten und Bergetechniken. Die Muskeln beginnen nach einiger Zeit zu schmerzen, aber wir fühlen uns nun besser vorbereitet. Unter den Ausflugsgästen ist ein aufkochendes Grummeln zu vernehmen, als Bernhard die aufjaulende Fluffy mit einem zu festen Ruck an ihrem Geschirr über den Scheitelpunkt des Schaukelgestells zieht.

20.30h
Das Tageslicht macht langsam Feierabend und weicht einer wolkenverhangenen Dämmerung. Müde vom Essen und Trainingslager kurven wir wieder durch den zivilisationsfernen Kiefernwald.

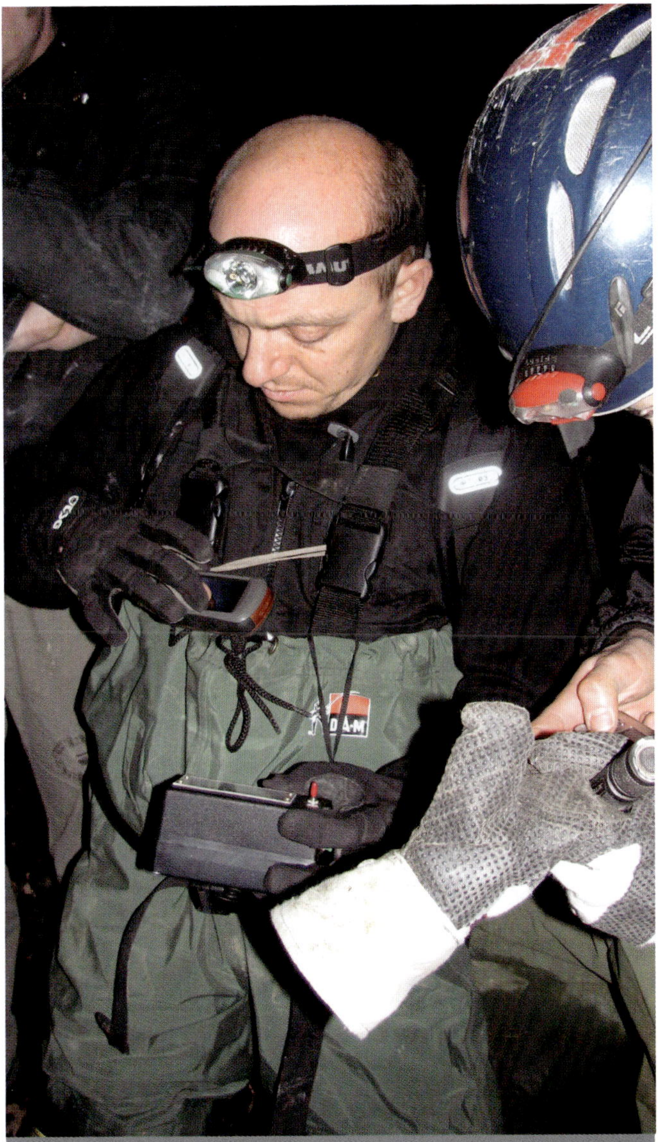

Kleinkindliche Prägung: sobald Bernhard zum Spielen in den Wald geht, zieht er sich rasch seine Matschhose über.

Wir werden wenig Restlicht haben und uns komplett auf die mitgeführte Lichttechnik verlassen müssen. Das bekannte Kribbeln befällt uns im Angesicht der kalkulierten Gefahren fernab jeden mobiltelefonischen Empfangs. Auf uns allein gestellt, werden wir physisch und auch psychisch an unsere Grenzen gehen müssen. Wer weiß, welch dunkle Gestalten noch von den überwucherten über- und unterirdischen Relikten einer von Abschreckung geprägten militärischen Epoche wissen und diese gelegentlich aufsuchen?

Bereits in kompletter Montur auf die Sitze des Fahrzeugs gezwängt und die Industrieklettergurte mittels neuer Steckzungen-Adapter direkt in das Untergurtelement integriert, biegen wir voller abenteuerlustiger Vorfreude in die Einfahrt des geschotterten Wanderparkplatzes ab.

... und finden keinen Parkplatz!

Überall stehen Fahrzeuge mit Aufklebern von hüpfenden grünen Außerirdischen, Pictogrammen von Wanderern mit Rucksack und GPS-Gerät sowie barcodierten Käfern herum. Zahllose Menschen laufen über den Platz. Im Schein aktueller Hochleistungs-LEDs werden von den ersten Rückkehrern Koteletts und Bratwürste gegrillt und über die famose Einmaligkeit dieses besonderen Nachtcaches parliert. Wegen des großen Andrangs ist der Owner anwesend und organisiert Teams, die in 20-minütigem Abstand starten dürfen, damit es an den Stationen nicht zu voll wird. Er freue sich schon über den Haufen an Favoritenpunkten, die in dieser Nacht sicherlich wieder über ihn und seinen Cache hereinbrechen würden. Stolz erzählt er dem Heer der Wartenden, wie er von einem ehemaligen NVA-Wachmann den Tipp zu diesem ehemals streng geheimen und lange vergessenen Bunker bekam. Selbst im Internet gäbe es keine Informationen oder Bilder zu diesem Bauwerk. Während ich seinen Ausführungen lausche und mich über die dicht gedrängten Reihen der Zuschauer recke, um einen Blick auf den Owner zu erheischen, steigen in mir leichte Zweifel auf, dass sich dieser Zustand noch lange halten wird.

An einer Bierzeltgarnitur ziehen wir eine Wartemarke und dürfen in der Gruppe ‚F' die Runde absolvieren.
Am Kuchenstand wird Bernhard dann als Person des öffentlichen Lebens enttarnt, woraufhin die Teilnehmerzahl in Gruppe ‚F' auf ein Maximum anschwillt.

21.38h
Es geht los. Alle sind sehr hilfsbereit, leuchten den Weg, erklettern die Hinweise für uns und ebnen unwegsames Gelände im Vorfeld. Ich habe keinen blassen Schimmer, worum es bei diesem Cache geht oder wie die einzelnen Stationen beschaffen waren. Bernhard unterhält sich und andere fortlaufend, signiert fleißig die dargereichten Travelbugs und Taschenlampen und malt seine Unterschrift überdimensional auf Wathosen, die ihm mit ebensolchen Körpern drin, entgegengereckt werden.

22.57h
Endlich sind wir am Highlight – der zentrale Kommandoraum mit alten Kommunikationseinrichtungen im berühmten Bunker ist großartig. Mitten im Wald steht ein bewaldeter Hügel mit Resten von Belüftungsanlagen und einem betonierten Eingangsbereich im märkischen Sand. Im gefühlten Zentrum des unterirdischen Labyrinths gibt es einen Raum mit einer großen Schaltkonsole, an der vermutlich mehrere Personen ihren Dienst verrichtet hatten. Der Boden des Kommandoraums besteht aus quadratischen Platten, die - teilweise fehlend - den Blick auf einen Hohlraum mit armdicken Kabelsträngen freigeben ... wie ich auf den Displays der Digitalkameras, die blind über die Köpfe der Massen in den Raum hinein knipsen, erkennen kann. Das ununterbrochene Blitzgelichte erinnert an eine Technoparty in den 90ern, bei der der vollgedröhnte Lichtjockey den Aus-Knopf für das Stroboskop nicht mehr finden kann ... Ich werde langsam sauer, hatte ich mich doch auf eine semi-einsame Gruselei an diesem Ort gefreut. Am schlimmsten sind die engen Sicherheitsschleusen im Bunker: dauernd trampeln mir großfüßige Lulat-

Nach so langer Nacht ist man nur noch ein Schatten seiner selbst.

sche auf den meinen herum, weil sie es nicht gewohnt sind, ihre langen Gliedmaßen und viel zu hoch installierten Köpfe durch die überfüllten und niedrigen Durchgänge zu schieben.
Das Logbuch bekomme ich nicht zu Gesicht. Der Owner wuselt permanent zwischen den Anwesenden herum, um die strapazierten Batterien für seine elektronischen Spielereien zu wechseln und ruft mir im Vorbeigehen zu, dass er uns bereits ins Logbuch eingetragen hat, damit wir schnell wieder an die frische Luft kommen.
Ich bedanke mich artig und klopfe trotzdem der Ordnung halber an die Tür, hinter der ich die finale Dose erwarte. Von drinnen ertönt nur ein „Moment! Noch nicht fertig!“ aus vielen Mündern. Wir verlassen mit den Gruppen ‚D‘ und ‚E‘ vorzeitig den Bunker.

23.30h
Zerknirscht ob des vermasselten Abenteuers, trotte ich dem Pulk hinterher, in dem ich Bernhard vermute. Der Hund ist ebenfalls total angenervt, da die Horden von Menschen im nächtlichen Wald alles Getier kilometerweit vertreiben und er so um seinen sportlichen Ausgleich gebracht wird.

Hinter einer Kurve steht Bernhard dann plötzlich posierend auf einem Haufen alter Steine. Cacher beleuchten ihn von hinten, andere werfen feinen Staub in die Luft, damit die Strahlen der Taschenlampen einen heroischen Schatten in den sandigen Nebel brennen.
Feierlich schallt seine Stimme durch die Nacht: „… habe ich mich in 52 Metern Höhe aus dem Seil ausgebaut und bin Free Solo den Rest in die Krone des höchsten Baums …",
„ROLF! Das war der Rolf", ich zeige auf Bernhard. „Dieser Mann war noch nicht einmal damit fertig, die Preisschilder von seinen diversen Wurfleinen zu entfernen, weil er beim Blick nach oben immer vor Angst total verkrampft ist!", entfährt es mir in einer Lautstärke und Entnervtheit, die ich augenblicklich bereue. Von der Wirkung her hätte ich auch rufen können: „Gerade kams im Radio. Ein Meteorit stürzt auf Mecklenburg. In zwei Minuten sind wir alle tot!" Die Menge verstummt augenblicklich. Wie in Zeitlupe drehen sich alle Augen und die darüber installierten Lumenschleudern in meine Richtung. Dann beginnt die Menge zu brabbeln. Wild gestikulierend werden die beiden Varianten der Geschichte erörtert.

Bernhard und ich nutzen den aufkeimenden Tumult und verlassen unbemerkt die irritierten Menschenmassen. Nach ein paar Metern gibt er kleinlaut zu: „Vielleicht war Rolf das oben im Baum. Aber DU hattest die Angst und ich habe es geschafft, noch eine Pilotleine einzubauen."
„Aber in den morschen Hochsitz hinter dem Baummonster", entgegne ich müde und bin froh, dass wir langsam außer Sichtweite der immer noch diskutierenden Cachesucher geraten.

Auf der Rückfahrt haben wir uns mit einem prima Traditional wieder versöhnt. Auf einer Autobahnraststätte. Hinter dem Toilettenhäuschen. An der Leitplanke neben einer offenen Abwasserleitung. Der von dem Toilettenhäuschen.

Die andere Seite oder Die Verwechslung

Andy Reitz

So, nun kann es zum gemütlichen Teil des Abends übergehen. Alles ist soweit erledigt, das Geschirr in der Maschine, die Kinder im Bett, keine wichtigen Dinge mehr zu tun. Der Mann trifft sich mit einem Freund und ist auch aus dem Haus - Entspannung, du kannst kommen!

digithulhu

Gefundene Geocaches: 267

Geloggte Trackables: 91

Entferntester Fund: GC1CYGD La Torre (Italien)

Ich angele mir die Fernbedienung aus dem Korb neben dem Sofa und drücke den roten Einschaltknopf. Mit einem leisen ‚Klock' geht der Fernseher an. Ein erster Blick in den elektronischen Programmführer dämpft die Laune ein wenig: das TV-Programm ist doch recht durchwachsen. Der Donna Leon-Krimi im Ersten ist eher einschläfernd, die privaten Sender bringen uninteressante Scripted Reality. Mit dem Steuerkreuz navigiere ich weiter durch die Sender. Vielleicht kommt ja auf einem der Dritten ein Tatort oder eine gute Dokumentation. Dann wieder zurück, auf's Zweite diesmal. Eventuell ist das Thema von Maybritt Illner später noch annehmbar. Kommt auch immer ein wenig auf die Gäste an. Je nach Konstellation endet das unter Umständen in einer Zuweisung von Fehlern welche die gegnerische Partei oder Koalition früher gemacht hat. Man selbst ist natürlich über alle Zweifel erhaben und der Wähler wird das honorieren! Bei so viel Hochmut möchte man doch einfach gar nicht mehr zuhören, sondern

„Geocaching führt weg von den ausgetretenen Pfaden des Alltags, hin zu spannenden Abenteuern, großen Herausforderungen und Orten, die man so niemals gesehen hätte."

eher der betreffenden Person die Meinung sagen - und das nicht erst zur nächsten Wahl. Das sind dann die Momente, in denen die Diskussion durch das eine Ohr reinkommt, vom Gehirn als wertlose Information eingestuft und auf der anderen Seite ausgeworfen wird. Eigentlich dient das Laufen des Fernsehers ja sowieso eher der leichten akustischen Berieselung als dem konsequenten Verfolgen des Formats. Im Kino ist das etwas anderes, da geht man primär hin um zu gucken. Daheim braucht man das nicht. Da läuft die Kiste und fertig. Man kann auch ohne Probleme parallel den Tablet Computer anschalten und Bubbles oder sonst ein Casual-Game spielen, wichtig ist nur, dass man nicht zu viel Aufmerksamkeit benötigt. Einfach nur Abschalten, das „Sich-konzentrieren-müssen" mal auf der Arbeit zurücklassen. Die fordert durch den Umzug der kompletten Abteilung sowieso schon genügend Ressourcen, da ist es nur recht, wenn man die Freizeit eben als solche wörtlich nimmt: „Frei-Zeit". Soll sich einer beschweren über die Methoden persönlicher Entspannung! Der eine bastelt Dioramen, der nächste geht Joggen und die wiederum nächste löst haufenweise Sudokus oder Kreuzworträtsel. Und dann gibt es eben noch diejenigen, die den Begriff Couch-Kartoffel kultivieren!

Nach einer Weile schwenke ich von Bubbles auf Jewels um, denn auch der Müßiggang verlangt eine gewisse Abwechslung. Auch das TV-Programm wechsele ich, diesmal zu den Nachrichten. Nordkorea droht den USA mit Atomschlägen, Steueroasen werden mittels Offshore-Leaks aufgedeckt und die Lottozahlen sind aufgrund einer Panne ungültig. Die Welt dreht sich trotzdem weiter und so vertiefe ich mich wieder in das Spiel.

Plötzlich klingelt das Telefon.

Es ist 22:31 Uhr.

Wer ruft denn um diese Zeit noch an?

Moment mal, das ist doch seine Handy-Nummer! Himmel, es wird doch nichts passiert sein! Er erwähnte ja, dass er mit seinem Kumpel Julian raus wollte, „'ne Dose suchen", wie er sich ausdrückte. Seit er sich vor ein paar Tagen dieses neue Gerät gekauft

Das Nachrichtenbild verschwimmt vor meinen Augen ...

hat, ist er wie verrückt danach: rausgehen und irgendwelche Koordinaten und Dosen finden. Es macht ihm Spaß, sehr viel sogar. Deshalb soll er sich da ruhig austoben. Außerdem weiß ich, dass er sich – bis auf den üblichen Unfug den Männer nun mal so machen - nie ernsthaft in Gefahr begeben würde. Trotzdem habe ich ein mulmiges Gefühl … wenn die beiden nun einen Unfall hatten? Sie sind zwar zu Fuß unterwegs, man weiß ja nie …

Ich nehme das Mobilteil auf und drücke den Knopf mit dem grünen Hörer – ‚Click'.

„Hallo Schatz, alles in Ordnung?", frage ich mit unterschwelliger Besorgnis in der Stimme.

„Ja ja, alles bestens", ertönt es ein wenig krächzend von der anderen Seite. „Sag mal, hast Du 'nen Internetzugang in der Nähe?"

„Ja, wieso?", erwidere ich, das Tablet auf meinem Schoß.

„Guck doch mal bitte, welche Farbe die TOA MATAU Bionicals haben, ich buchstabiere das mal: Theo Otto Anton und dann Marta Anton Theo Anton Ulrich", höre ich ihn von der anderen Seite rasch erklären. Trotz der mäßigen Verbindung bleibt mir das aufgeregt angespannte Timbre in seiner Stimme nicht verborgen.

„Bitte wer?", erwidere ich ungläubig.

„Na die TOA MATAU Bionicals“, entgegnet er, fast schon beschwörend und offensichtlich unter hohem Druck. „Die komischen Roboter von Lego. Wäre ziemlich wichtig. Ich habe mich vertan, weißt Du. Ich kenne die Symbole der Karte noch nicht so gut und wir sind hier gerade dabei, einen Mystery zu lösen, von dem ich dachte, es wäre ein Tradi. Und jetzt stehen wir hier mitten im freien Feld und brauchen laut Hint die Quersumme der Buchstabenwerte für die weiteren Koords, um den Final zu finden und zu loggen, verstehst du? Ich bleib so lange dran.“

Die Zeit bleibt augenblicklich stehen. Eine Wand aus Fremdwörtern ummauert plötzlich meinen tumben Verstand. Schallwellen kommen nicht mehr dazu, auf ein Hindernis aufzuprallen, sondern bleiben einfach in der Luft stehen, das Bild des Fernsehgeräts droht sich in die Netzhaut einzubrennen und der Herzschlag setzt aus. So muss sich ein Astronaut fühlen, der am Ereignishorizont eines Schwarzen Lochs ankommt und sieht, wie seine Füße schon immer länger werden und langsam hineingezogen werden, in Dunkelheit und Verdammnis. Wie in Watte gepackt, durch Milchglas guckend, nehme ich die Welt wahr, abgeschieden, zeitlos. Unwirklich. Ich will zurück, will diesen abnormen Zustand verlassen, wieder Herr meiner Selbst werden.

Ich nehme also den Kampf gegen das Einfrieren der Realität auf, und langsam, Stück für Stück, kämpfe ich mich zurück an die Oberfläche der Wattekugel. Je weiter ich komme, desto deutlicher werden Geräusche und Sinneseindrücke. Sie hinterlassen immer mehr Ösen und Haken, an denen mein Geist sich festhalten kann. Hochklettern, aus dem abgründigen Reich der Lethargie an die Oberfläche der Realität! Ich schaue mich um und entdecke voll Verwunderung die Begriffe, welche mich in den Strudel gestürzt hatten auf dem Rasen der Rationalität liegen. Begriffe wie „TOA MATAU“, „Tradi“ oder „loggen“. Ich verweile davor, versuche mir einen Reim darauf zu machen. Erst einmal ergibt das alles zusammen wenig Sinn. Doch seine Stimme klang ganz normal, als er mir diese Worte entgegen schleuderte. Er schien nicht verrückt zu sein, nur ein wenig aufgeregt. Nein, verrückt ist er nicht,

da bin ich sicher! Vielleicht liegt es an seiner neuen Freizeitbeschäftigung, diesem Geocachen, bei dem man irgendwo in der Walachei nach Sachen sucht, die irgendwer irgendwann dort versteckt hat. Ehrlich gesagt können Männer, die nachts losziehen, um in Wald und Flur Plastikdosen zu suchen, schon ein wenig den Anschein einer Verhaltensauffälligkeit erwecken.
Jetzt, da ich wieder im Besitz meiner geistigen Fähigkeiten bin, beginne ich zu Handeln. Ich mache das, was ich immer mache, wenn mir etwas unverständlich oder neu ist, sich mir eine Frage entgegenstellt, auf die ich keine Antwort weiß: Ich schalte sofort auf Such- und Recherchemodus - als Bibliothekarin bin ich schließlich darin geübt. Das Beantworten von Fragen, Ausheben von Datenquellen und Recherchieren von Literatur und Sachverhalten ist für mich ein Leichtes. Und je komplizierter eine Sache ist, desto eher fordert sie mich. Artikel aus seltenen Zeitschriften, Bücher die es nur ein oder zwei Mal in Deutschland gibt oder Anfragen von Nutzern, wie die dieses fast verzweifelten jungen Mannes mit der Tarnkleidung und dem Gürtel voller Technik, der sich für die Zeitungsberichte über die Kirchen Württembergs interessierte. Hätte ich ganz anders eingeschätzt …
Ich grabe mich also tief ins Internet, benutze Such- und Metasuchmaschinen, scanne und bewerte Wikis, Homepages, Blogs, Produktseiten. In kürzester Zeit offenbart sich mir die überaus komplexe Geschichte der Lego-Roboter, über die Kultur bis zur Religion, ihre Eroberungen und Kriege, ihre Genealogie, Ziele und Beweggründe. Ich hoffe, mir nicht alles merken zu müssen, denn die Geschichte liest sich wie 100 Folgen „Gute Zeiten – Schlechte Zeiten“ - verworren und jeder mit und gegen jeden. Nebenbei erfahre ich auch, dass die gesuchte Farbe Grün ist.
Die Ergebnisse dieser recherchetechnischen Meisterleistung vor mir auf dem Schirm flimmernd, verkünde ich stolz ins Telefon: „Puh, war nicht ganz einfach, etwas über diese Spezies zu erfahren… Die Toa sind nämlich nur eine Gruppe innerhalb der Bionicals, die sich außerdem noch in verschiedene Formen

verwandeln können. Aber schließlich habe ich alle Infos finden können! Ich kann Dir über komplexe Genealogien Auskunft geben, die sozialen Geflechte innerhalb der Gruppen erläutern und spezifische Informationen über ihre Waffensysteme nennen, außerdem die spannende, durchaus faszinierende ...“

„Ich brauch nur die Farbe!“

„Die Farbe? Ähm ... ja … Grün. Sie sind grün. Noch was?“ Nun wird er mir sicher danken, mich mit Lob überschütten, fragen, ob er mich zum Essen ausführen darf, bei Kerzenschein und schöner Musik, oder ob ich vielleicht ein neues Geschmeide um meinen Hals haben möchte, schließlich würde es meine Schönheit unterstreichen. Doch am anderen Ende der Leitung höre ich nur ein:

„Nee, ‚Grün‘ reicht dicke, danke! Ich leg mal auf, schlechter Empfang. Kann noch was dauern bis ich heimkomme. Liebe Dich!“

‚Klack‘. Aufgelegt.

Ungläubig schaue ich den Hörer an. Was war das denn jetzt? Ich habe mich soeben in Rekordzeit zum Chronisten der Toa hochgearbeitet, habe alles über diese vielfältige, geheimnisvolle Roboter-Gattung erfahren, nur um die einfache Antwort „Grün“ zu

Ohne Zweifel: Grün!

geben? Und dann werde ich mit einem „Du, der Empfang ist hier ein bisschen schlecht“ und „musst nicht auf mich warten“ abgebügelt? Frechheit! Soll nur heimkommen mit seinen Toa Matau, wird schon sehen, wie grün die sind …
Mittlerweile haben sich die Wogen geglättet. Er hat mir erklärt, was schief gelaufen ist und mir versprochen, die Cachebeschreibung immer genau und aufmerksam zu lesen. Das scheint in der Szene ein probates Mittel gegen Misserfolge beim Finden zu sein. Trotzdem bin ich darauf eingestellt, dass wenn er unterwegs ist, theoretisch zu den unmöglichsten Zeiten Anrufe mit den außergewöhnlichsten Fragestellungen kommen können. Auch nehme ich ihm die Bezeichnung „Telefonjoker“ nicht übel, die er manchmal für mich benutzt. Ich weiß ja, er meint es nicht böse und irgendwie ist es auch drollig, wenn er mit glänzenden Augen von seinem neuen Hobby berichtet, wie kleine Jungs das auch tun würden. Ja, es hat ihn schon gepackt, das Geocaching-Fieber. Aber vielleicht sollte er doch mal über mobiles Internet nachdenken, denn dann blieben mir solche Erfahrungen wie die mit den Toa Matau vielleicht erspart … Solange das aber nicht der Fall ist, hole ich immer wenn ich zum Entspannen auf die Couch und er zum Geocachen geht in weiser Voraussicht und aus dem tiefen Mitgefühl der Ehefrau heraus den Laptop und das Telefon in greifbare Nähe. So kann ich ihm jederzeit weiterhelfen - und wenn Maybritt Illner eine Frage hat, stehe ich auch parat.

WIR SOLLTEN ES TÖTEN. ES MACHT MIR ANGST!
MIR AUCH.

Die Welt der Grünröcke

Bernhard Hoëcker

Der natürliche Feind des Geocachers ist der... tata: Jäger! Wie ein einsamer Tiger verteidigt er sein Jagdrevier mit allem was ihm der Gott des Gemetzels in die Wiege gelegt hat: Schrot und Großkaliber.

Der Jäger lauert uns Sammlern von Plastikdosen des Nächtens auf, wenn wir mit naiver Lust auf Freiheit und Natur die Wälder nach technischen und natürlichen Hinweisen durchforsten. Tagsüber hängt er kleine Reflektoren in die Bäume, die uns bei der nächtlichen Suche auf einsame Lichtungen führen sollen. Dort sitzt er dann ab Sonnenuntergang und wartet seelenruhig auf seine schnitzeljagenden Opfer. ‚Wer Plastik sucht, soll Blei ernten!', ist sein grausames Credo. Das Gewehr liegt ruhig auf dem weichen Kissen, welches er vorher auf die Kante eines Brettes gegurtet hat. So liegt die Waffe sanft und bewegungslos, die Mündung gen Lichtung gerichtet.

Hört er ein Knacken im Wald, ist die Konzentration voll da. Aus seiner ruhigen Dämmerung erwacht, weiten sich schlagartig die Pupillen, er kneift ein Auge zu, die Hände umgreifen noch einmal fest den Lauf, ein kurzer Blick korrigiert die genaue Lage des Feuerschwertes.

Dann sieht er sein Opfer. Langsam, Schritt für Schritt, betritt es die Lichtung. Scheu schaut es sich um. Seine Taschen- und Stirnlampen leuchten in die Nacht, suchen einen Reflektor, einen Hinweis, eine photoaktive LED.

Dem Jäger ist er somit ein leichtes Opfer. Keine wirkliche Herausforderung.

Er zielt. Aber nicht einfach nur auf die Lampe, nein, sondern einen halben Meter tiefer. In Fachzeitschriften des Weidmannes wird wahrscheinlich ausführlich darüber informiert, dass Geocacher ihre Lampe entweder direkt auf der Stirn tragen oder ihre mobilen Leuchtgeräte meist auf Höhe ihrer Augen halten. Die

Faust an der Schläfe. So werden auch Reflektoren gesehen, die das reflektierte Licht perfekt spiegelnd nur an die Stelle zurückstrahlen, von wo es gekommen ist.
Langsam krümmt der Schütze den Finger am Abzug, bis er diesen kleinen Widerstand spürt, der die Stille vom Chaos trennt. Diesen kurzen Moment, der aus dem metallenen Objekt in seiner Hand ein Werkzeug der Genugtuung macht.
Er atmet ein. Aufgrund der respiratorischen Sinusarrhythmie erhöht sich sein Puls. Atmet er aus, wird er aus demselben Grund langsamer. Die Hand wird ruhig, der Blick starr.
Beim nächsten Luftausstoß wird er, nein, muss er schießen. Der Körper hat dann die maximale Ruhe, das Zittern ist minimiert.
Er
atmet
aus
...
BUMM!
„Aua"
„Oh, sorry, hab mich vertan..."

So stellt sich der landläufige Geocacher den landsitzenden Jäger vor.

Tobi und ich haben das unfassbare Glück, mit einem solchen Exemplar der Gattung Hobbytreibender befreundet zu sein. So kennen wir das Innenleben dieser Spezies besonders gut.
Wir können auf Augenhöhe darüber diskutieren, wie sinnvoll es ist, dass in seinem Wald ein genialer Nachtcache liegt. Voll mit Reflektoren soweit die Lampen leuchten, technischen Spielereien und mit einem Thriller als rahmende Geschichte, der unter die Haut geht.

Neulich erzählte er uns, wie er kürzlich wieder auf eine geocachende Hobbyspezialeinheit in seinem Wald traf. Wir saßen bei mir im Wohnzimmer vor dem Kamin. Gemütliche Lehnen

Ein Jäger mag unter Rudelcachen etwas anderes verstehen...

stützten seine Arme. In einer Hand hielt er eine Bloody Mary. Mehrere Freunde waren zugegen, die in der Cacherszene mindestens zu Hause, wenn nicht gar komplett dort verschollen sind. Er verwendete natürlich all die Fachbegriffe, die Jäger auf langweiligen Cocktailparties verwenden, um ihr tödliches Handeln sprachlich zu verharmlosen. Er nahm noch einen tiefen Schluck, dann begann er:

„Es war einer jener normalen Wochentage. Ich spürte wie immer diese Energie in meinem Körper, die es mir ermöglicht, stundenlang ruhig zu verharren und auf das Opfer zu warten. Die Sonne hatte bereits den Zenit überschritten und hatte ihre wärmende Kraft verloren. Der Tag neigte sich dem Ende. Doch ich wartete, bis die Sonne am Horizont verschwunden war. Endlich, als der Mond schien, konnte ich aufbrechen. Ich packte meine Büchse, rief meinen Hund und machte mich auf den Weg in mein Revier. Kein Nebel: perfekte Jagdbedingungen.
Ich bestieg den Hochsitz, lies den Hund in Platzhaltung gehen und suchte mir eine bequeme Position. Hier konnte ich einerseits lange unbeweglich sitzen, andererseits hatte ich einen schnellen Griff zur Waffe, die neben mir lag und sich an meinen Oberschen-

kel schmiegte. Die Stunden vergingen, der Mond zog seine Bahn. Plötzlich hörte ich ein Geräusch auf der rechten Seite. Ich wand langsam meinen Kopf, so langsam, dass meine Bewegung auch für das erfahrene Auge des Fluchttieres nicht zu erkennen war. Dann erspähte ich das Schwarzwild. Ich beobachtete die Rotte. Sie bestand aus vielleicht fünf bis sechs Stücken. Schließlich entschied ich mich für eines der im Boden schaufelnden Tiere. Ein großer Überläufer, also noch kein ganz ausgewachsener Keiler, auf welchen ich anlegen wollte.
Ich atmete ein. Aufgrund der respiratorischen Sinusarrhythmie erhöhte sich mein Puls. Atmete ich aus, würde er langsamer. Die Hand wurde ruhig, der Blick starr.
Beim nächsten Luftausstoß würde, nein, müsste ich schießen. Mein Körper hätte dann die maximale Ruhe, das Zittern ist minimiert.
Ich
atme
aus
...
BUMM!“

Er macht eine Pause, trank den Rest des Glases leer, pickte sich eine Olive von seinem gelbgläsernen Spießer und schaute in die Runde. Er sah mehrere meiner Freunde, allesamt Cacher, und stutzte. Hatte er doch nicht mit so ängstlichen Blicken gerechnet. Einer hielt, apathisch über das Gesagte nachdenkend, sein Glas schief und sein Long Island Ice Tea ergoss sich langsam auf den Tigerflokati. Die Eiswürfel polterten unter den Mahagoni-Schrank. Keiner hörte es. Wie tief er in die dunkle Seele der Dosensucher eingetaucht war und welch grausigen Ängste er auf deren Boden aufgewühlt hatte, war ihm wohl nicht klar...
Er stand auf, ging an den Tisch mit den Flaschen. Dabei fuhr er fort:

„Mein Schuss peitschte durch das Halbdunkel. Die Rotte stob auseinander, doch wie es der Zufall wollte, war es das erste Mal in

meinem Jägerleben, dass ich das Tier nicht sofort perfekt traf sondern es nur soweit verletzte, dass es zwar schweißte, oder, wie ihr Cacher sagt, blutete, aber noch schwer verletzt ins Dickicht fliehen konnte. Natürlich ärgerte ich mich, kein Tier soll leiden bei dieser natürlichsten Art der Fleischbeschaffung.

Ich nahm also leicht frustriert, aber mit dem Gefühl der Verantwortung, mit meinem vierbeinigen Begleiter die Spur auf. Aber das Unterfangen war schwieriger als gedacht. Ich folgte dem Hund, der die Fährte bereits aufgenommen hatte. Dabei ging es quer durch den Wald, kreuzte mehrere Wege. Schließlich fand ich das zunächst angeschossene Tier, das dann aber letztendlich doch seinen Verletzungen erlegen war.

Ich schaute mich um. Wo war ich? Auf der Suche nach dem Wild, konzentriert mit den Augen am Boden und den Ohren bei den Geräuschen meines Hundes, hatte ich leicht die Orientierung verloren. Ich wollte gerade das Gelände abgehen, spiralförmig, wie ich es von meinem elektrischen Saugroboter gelernt hatte, als ich plötzlich Taschenlampen im Wald sah.

Drei, vier kräftige Lichtstrahlen schnitten sich durch die Bäume. Wie gut, dass ich euch kannte, denn mein erster Gedanke war somit: ‚Geocacher!'.

Ich schaltete meine eigene MagLite an, entlud das Gewehr, damit sich auch ja nicht ein Schuss lösen konnte. Dann machte ich mich mit lauter Stimme bemerkbar.

Die vier leuchtenden Punkte erstarrten, dann bewegten sie sich zueinander und dann ganz langsam in meine Richtung. Ich gehe mal davon aus, dass sich 50 Zentimeter darunter sehr ängstliche Gesichter befunden haben. Zumindest steht es so in der ‚Wild und Hund'. Als ich näher kam, war ich so geblendet, dass ich die Hand vor die Augen hob und freundlich sagte: ‚Hallo, seid ihr Geocacher?'

Die Lampen bewegten sich, Erleichterung schien sich breit zu machen. ‚Ja! Wir suchen einen …‘

‚… Nachtcache, ich weiß', beendete ich den Satz.

Sofort stellte ich die drei wichtigsten Fragen, die jeden Dosensucher milde stimmen und in ein selig lächelndes Etwas verwandeln:
‚Mit was für einem Gerät seid ihr unterwegs?'
‚Wie viele Dosen habt ihr schon gefunden?'
‚Seid ihr Premiums?'

Jede ihrer Antworten kommentierte ich mit den von euch gelernten Floskeln:
‚Ui...'
‚So viele!'
‚Geile Lampen, kann ich mal halten?'“

Mein befreundeter Jäger füllte sich Tomatensaft zu seinem Wodka, einen Schuss Tabascosauce und drückte frische Zitrone in den Mixer. Während er den Shaker schloss und schüttelte, dachte er über die Marke der Lampe nach. Schade, er konnte sich nicht erinnern. Wir spekulierten, aber mein Jägerkumpel ließ sich nicht irritieren. Er warf Eis in ein Longdrinkglas und goss den blutig-roten Mix darüber. Während die gefrorenen Würfel knisterten, setzte er erst sich selbst wieder in den Sessel und dann die Geschichte fort.

„Jedwede Anspannung konnte ich damit vertreiben und zu meinem eigenen Anliegen kommen. Schon als ich der Cacher gewahr wurde, keimte in mir ein Gedanke. Auch wenn ich es als Jäger niemals zugeben würde, waren uns diese Dosensucher doch in der Orientierung weit überlegen. Natürlich nur so lange, wie sie ihre GPS-Geräte in der Hand hielten. Ohne sie waren sie so nützlich wie eine Brieftaube, die gegen eine Schwimmbadscheibe geflogen ist.
Aber jetzt und hier konnten sie mir helfen, möglichst schnell nach Hause zu kommen und nicht erst weiter herumzuirren, bis ich einen markanten Punkt im Wald wiedergefunden hätte.
Ich fragte sie also, ob sie mir bei dem Wildschwein nicht helfen könnten. Es läge da hinten und ich hätte leicht die Orientierung verloren. Wo denn der nächste Weg sei, dann wüsste ich Bescheid.

Hilfsbereit, wie ihr Geocacher nun mal seid, zückten sie sofort ihre Geräte.
Leider waren nicht alle Informationen hilfreich.
Einer las die GPS-Koordinaten vor, ein Anderer nannte mir den Wald, ein Dritter fragte sicherheitshalber kurz nach dem Bundesland.
‚Hier müsste ein Weg sein, der kommt an einer Bank vorbei.'
‚Da hinten', er drehte sich um und zeigte ins Dunkel ‚ist wahrscheinlich ne Kreuzung. Aber hier', er zeigte in ein anderes Dunkel ‚ist ein Pfad.'
‚Wie, ein Pfad?', fragte sein Mitcacher.
‚Ja, hier!', antwortete der Insdunkelzeiger.
‚Der ist bei mir nicht drauf.'
‚Ich hab die OSM-Map drauf gespielt.'
‚Aha, wie das?'
‚Du lädst dir die Karte und den MapUpdater aufs Progi, dann Upload, fertig.'
‚Mist, ich hab nur die Topo 2013.'
‚Echt, das klappt? Die ist voll alt.'
‚Ja, aber das Militärgelände da hinten ist markiert.'
‚Aber nicht die Gebäude drauf.'
‚Waaaaaas? Du hast die Gebäude? Da ist ein LP Cache.'"

Natürlich kannten wir alle das Gelände, von dem er sprach, und natürlich hatten wir alle da schon sämtliche Dosen eingesammelt. Der Erzähler wollte einen weiteren Schluck nehmen. Doch einer meiner Cacherfreunde legte ihm freundlich die Hand auf den Arm und sagte, das sei jetzt ein ganz ungünstiger Moment, um die Story für einen Drink pausieren zu lassen. Dabei blickte er ihm sehr intensiv in die Augen…

„Ich bekam Sorge, dass sich das Wildschwein in Humus wandeln würde, wenn ich noch länger warten würde. So schaute ich kurze Zeit später einfach selber auf die Karte im Gerät. Ich sah, wo ich war, und nun wussten alle Bescheid.

Jetzt fragte ich sie noch höflich, ob sie mir vielleicht helfen würden, das Tier noch kurz auf den nächsten Weg zu schleifen. Und bei lauten Diskussionen über Kartenversionen und den Vorteilen von Wander- gegenüber Cycle-Topokarten halfen sie mir beim Bergen der Beute.

Ich verabschiedete mich, wünschte viel Glück und gab ihnen nur noch mit auf den Weg: ‚Achtung, Station 7 ist schwierig, schaut nach oben!' Dann gingen wir alle unserer Wege.

In jener Nacht war ich also sehr erfolgreich gewesen. Gerade hatte ich das frisch erlegte Wildschwein in den Kofferraum meiner noch nicht einmal geländegängigen Mittelklasse-Limousine gewuchtet. Da lag es nun. Alle vier Schalen und der Pürzel von sich gestreckt und die Lichter waren geschlossen.
Als ich nun auf einem schmalen Weg über eine kleine Kuppe rumpelte, sah ich plötzlich erneut drei Stirnlampen vor mir, deren Bewegungen schlagartig erstarrten. Ich dachte kurz nach und kam zu dem Schluss, dass dies nicht die Gruppe sein konnte, mit der ich eben Kontakt hatte. Bei der Cacherdichte in dieser Nacht war ich rückwirkend froh, dass die ganzen Borstentiere nicht einfach in die Innenstadt ausgewichen sind, da hätten sie auf jeden Fall mehr Ruhe gehabt.
Ich beschloss, auch mit diesen Menschen Kontakt aufzunehmen, um die Beziehung zwischen Cachern und Jägern auf eine neue Ebene zu katapultieren.
Ich blendete ab und fuhr weiter auf sie zu, hielt an und öffnete die Tür. In dem Moment kam Bewegung in die Gruppe, sie drehten sich um und schrien ‚Flucht!'.
Dann rannten sie los. Beschwerlich versuchten sie, ihre nicht durchgängig athletischen Körper, versteckt hinter Flecktarn und Hochgebirgsstiefeln, über einen Graben zu hechten und verschwanden hysterisch fluchend auf eine große, durch Kyrill verursachte Windbruchstelle, die direkt an einer stark befahrenen Landstraße liegt.

Ich blieb zunächst ruhig sitzen, besann mich dann aber meiner Verantwortung hier im Wald. Leise cachen ist in Ordnung, schreiend durch das Unterholz preschen allerdings für die Fauna nicht ganz so angemessen. Außerdem rannten sie in Richtung einer Wurfgrube, in der ein Haufen Ferkel lag und Bachen reagieren bekanntlich sehr ungehalten auf Springerstiefel im Nachwuchs.
Zur Sicherheit, aber vor allem um die anderen nicht zu beunruhigen, ließ ich die Waffe im Wagen und folgte ihnen auf dem parallel zu ihrer Fluchtlinie liegenden Forstweg.
Da sie stolpernd durch das Dickicht stürzten, waren sie entsprechend langsam und nach ein paar Metern strammen Schrittes hatte ich sie eingeholt. Beim Gehen drehte ich mich immer wieder zu ihnen und rief in den Wald: ‚Halt Leute, bleibt stehen!'
Doch sie hörten nicht, krabbelten über Baumstämme und flohen weiter. Christbaumgleich behängt mit allerlei elektronischem Schnickschnack vom allerfeinsten blieben sie ständig im dichten Geäst irgendwo hängen. Schließlich verließ sie die Kraft. Sie realisierten, keine Chance mehr zu haben und blieben stehen.
Ängstlich zusammengerottet warteten sie auf das, was ihnen das Schicksal bestimmt haben würde. Mit etwas Abstand versuchte ich sie vom Weg aus zu beruhigen: ‚Ihr braucht nicht...'
Doch ich wurde jäh unterbrochen:
‚Gehen sie weg!!!', brüllte einer mit Baumarktweste über Fjällräven-Hose.
‚Wir haben schon die Polizei informiert!', rief ein anderer mit HELM und STIRNLAMPE.
Dabei hob er sein Handy. Tauchfähig. Mit Sicherheit. Dann brüllte er weiter in sein stoßfest verpacktes Mobiltelefon: ‚Jetzt kommt er auf uns zu, groß, dunkle Jacke. Kleiner Hund. Ruf die Polizei an! Doch, Schatz, mach, bitte!'
Dann schaute er mich wieder ängstlich an.“

Warum mein erzählender Kumpel die Worte ‚Helm‘ und ‚Stirnlampe‘ so überbetonte, verstand ich nicht, schließlich gehören sie

doch zur Standardausrüstung eines jeden Nachtcachers. Aber er war so vertieft in seine Geschichte, dass er meines protestierenden Gesichtsausdrucks nicht gewahr wurde. Ich hätte ihm auch erzählen können, dass mein Fahrradständer ein Ei legen würde, er hätte es nicht realisiert.
Zurückgelehnt, das noch immer gut gefüllte Glas in der linken Hand, gestikulierte er mit der Rechten. Das Leder knirschte unter seinen Bewegungen, während er mit geschlossenen Augen weitererzählte:

„‚Wir haben den Schuss gehört!', keifte derweil die Weste, ‚und wir konnten hören, wie sie mit ihren Komplizen irgendwas durch den Wald gezerrt haben.' Dabei fuchtelte er zitternd mit einem Nachtsichtgerät aus dem Discounter umher.
Klick, es blitzte, meine Augen brannten, ein Foto mit der Outdoorkamera wurde geschossen.
‚Ich lade das gerade direkt in mein Profil hoch, dann weiß die Polizei später wie sie aussehen!', meinte der Helm.
‚Sie müssen das nicht tun', bettelte von hinten eine rundlich reifere Frau, die aus purem Goretex zu bestehen schien.

Baumschutz nach Försterart. Ein Waldmann im Süden hat Station und Final mit dezenten Hints versehen...

‚Leute, ich bin Jäger und...', versuchte ich zu beschwichtigen.
‚Sie sind kein Jäger. Jäger fahren nicht solche Autos. Sie können doch nicht jeden erschießen, der ihnen bei ihren komischen Geschäften begeg...', sprudelte es aus der Weste.
‚Nein, natürlich nicht. Ich erschieße nur die Schweine!', versuchte ich erneut die Situation zu beruhigen.
‚Wir sind normale Bürger, die sich nur zufällig hier etwas die Beine vertreten', erklärte sich die Frau, deren Tränen von ihrer regenfesten Jacke sofort abperlten und zu Boden rannen, während ihr Angstschweiß problemlos durch die atmungsaktive Materialkombination entweichen konnte. Mein Hund knurrte.
‚Seid ihr Cach...?', fragte ich Frieden stiftend.
‚NEIN!' kam es aus drei Mündern, noch bevor das Wort ‚Cacher' am ‚er' angekommen war.
Da wurde ich dann doch leicht säuerlich, denn das war eine glatte Lüge. Ich erkannte die Cachebeschreibung in der einen Hand und in der anderen das GPS-Gerät. Es war ein Garmin 650T."

Sämtliche Anwesenden riefen wie aus einem Mund: Angeber!

„‚Ihr solltet nicht nachts durch den Wald rennen, denn die Sauen haben Junge und sind dann äußerst aggressiv, und ihr treibt sie auch noch aus dem Wald auf die Landstraße', sagte ich im nun doch schrofferen Tonfall.
Für derartige Argumente aber waren die panischen Geogeister nicht mehr zugänglich.
Ich schaute sie mir noch mal an und ging dann mit den Worten: ‚Schaut, dass ihr hier wegkommt!'
Dann fuhr ich nach Haus.
Noch später in der Nacht, das Wild war abgegeben, der Wagen gereinigt, die Waffe ordnungsgemäß im Schrank verstaut, klingelte es an meiner Tür.
Die Polizei. Ich hatte damit gerechnet.
‚Guten Tag, gehört Ihnen der Wagen vor der Tür?', fragte der Beamte in sachlichem Ton.

‚Ja sicher', gab ich ordnungsgemäß zu Protokoll.
‚Haben Sie zufällig eben einen Menschen erschossen, seine Leiche mit ihrem Wagen entsorgt und dämlicherweise drei Zeugen davonkommen lassen?'
‚Die Sau hängt da drüben – beim Förster. Ich bin Jäger', erklärte ich und zückte Jagdschein, Waffenbesitzkarte, Pachtvertrag, Ausweis, Führerschein und das deutsche Sportabzeichen.
‚Danke, entschuldigen Sie die Störung. Das haben wir den wandelnden Outdoorwerbetafeln bei uns auf der Wache auch gesagt, aber wir mussten dem nachgehen. Gute Nacht', entschuldigte sich sein Kollege für den späten Besuch.
Als sie losfuhren, bremsten sie nochmal kurz ab, ließen das Fenster runter und sagten:
‚Der Nachtcache ist übrigens klasse, den haben wir auch schon gemacht.'"

Unser Berichterstatter öffnete die Augen. Alle waren weg. Also nicht räumlich, eher geistig im virtuellen Sinne. Die teils noch vollen Gläser standen rum oder entleerten sich umgeworfen vor sich hin rollend auf dem Boden. Auf verschiedensten mobilen Endgeräten wurde der Cache gesucht und Logeinträge gesichtet. Was wir fanden war der nächtliche Schnappschuss einer Outdoorkamera, der überbelichtet die diabolischen Konturen unseres hilfsbereiten Jagdfreundes zeigte…

B-BITTE, TÖTEN SIE UNS N-NICHT!
?
HEY, DAS IST MEIN SATZ.

Bis zum bitteren Ende!

Christina Busch

Es war mal wieder einer dieser schönen Tage, die Sonne schien und ich verspürte große Lust, mir draußen eine Portion frische Luft abzuholen. Was läge da nicht näher, als endlich mal das GPS-Gerät auszuprobieren, welches ich mir extra für ausgedehnte Radtouren gekauft hatte. Es lag nun schon seit einem Jahr im Schrank, aber mein Drahtesel stand mit einem Platten im Keller. Diese neumodische Schnitzeljagd, von der ich schon das ein oder andere Mal in den Zeitungen gelesen hatte, würde sich da sicher als Alternativbeschäftigung anbieten. Es hörte sich jedenfalls spannend an.

T.I.N.E.

Gefundene Geocaches: 3.644
Geloggte Trackables: 347
Entferntester Fund: GC1RD1V Naki Splash (Neuseeland)

„Ich bin Geocacher mit HERZ, ich liebe die Natur und das Abenteuer ... zudem schreibe ich gern Geschichten!"

Schnell hatte ich mich im Internet auf einer Geocaching-Seite angemeldet, mir eine leichte Dose hier in der Nähe rausgesucht und auf meinem GPS-Gerät gespeichert. In meinen Rucksack packte ich mir einen Stift, einen kleinen Schreibblock für eventuelle Notizen, eine Taschenlampe zur Untersuchung von dunklen Löchern, sowie ein wenig Verpflegung für die Wanderung und machte mich auf den Weg in den nahe gelegenen Nationalpark Harz.
Die einzigartige Natur hier oben lockte mich schon immer an. Hier stapelten sich von Wind und Wetter bearbeitete Felsblöcke zu hohen Klippen und die Pflanzen präsentierten sich in ihrer wildesten Urform. Selten hatte ich so viel von der Natur hervorgebrachte Schönheit gesehen.
Nach einem anstrengenden Fußmarsch und einem kurzen Klettereinsatz fand ich mich leicht schnaufend auf einer mächtigen

Klippe wieder. Dank des klaren Wetters konnte ich weit ins Land blicken. Ich genoss die Stille abseits der Zivilisation.
Nach einer kurzen Rast fiel mir wieder der eigentliche Grund meiner Wanderung ein. Ich wollte doch einen Cache suchen gehen.
Ein Blick auf mein GPS-Gerät zeigte mir die Richtung zum nahe gelegen Versteck. Ich sah eine kleine Höhle, wie es sie im Harz durch die Anordnung der hier typischen Felsformationen öfter gibt. Ich vermutete, sie sei groß genug, damit ich darin Platz finden konnte. Ich schnappte mir meinen Rucksack und begab mich zu den angegebenen Koordinaten.
Nur wenige Minuten später klemmte ich in der von Ferne gesichteten kleinen Höhle fest.
Sie war enger und tiefer als erwartet. Ohne Rucksack versuchte ich weiter zu kriechen. Die vielen kleinen Granitkieselsteine am Boden nahmen mir den Halt, ich rutschte immer wieder zurück. Über mir lagen riesige Felsbrocken, welche sich zu enormen Wänden erhoben. Licht brach von allen Seiten durch die Felsspalten um mich herum ein. Mir wurde ziemlich unwohl bei dem Gedanken, in dieser riesigen Klippe mit ihren lose übereinander gestapelten Steinbrocken, eingeklemmt zu werden. Ich drehte und wendete mich, ein Vorankommen war nur beschwerlich möglich und geburtskanalähnliche Gefühle kamen auf. Aber das Abenteuer reizte und ich wollte diesen Cache finden. Langsam fiel mir das Atmen vor lauter Anstrengung schwer. Meine Kräfte ließen nach. Ich streckte mich die letzten Zentimeter auf dem Boden liegend. Mit meinen Fingerspitzen räumte ich ein paar Hölzer am Ende der Höhle in der ich steckte beiseite. Da war sie, eine rostige Munitionskiste, ihre olivgrüne Farbe war kaum noch zu erkennen. Ich griff das alte Ding und zog es ans Tageslicht. In diesem Moment schoss mir ein unbeschreibliches Gefühl durch den Körper. Ich kam mir vor wie der Jäger der verlorenen Schätze, so was hatte ich mir schon als Kind immer erträumt. Bereits jetzt dürstete unterschwellig in mir das Verlangen nach dem nächsten Abenteuer in dieser Form.

Nachdem ich den Inhalt der Kiste inspiziert und meinen Namen im Logbuch eingetragen hatte, musste ich alles natürlich auch wieder gut verstecken. Dazu kroch ich erneut in die viel zu enge Höhle. Einen Wadenkrampf und eine Beule am Kopf später, war alles wieder verborgen und ich machte mich zufrieden auf den Heimweg. Im Gepäck ein paar Fotos und ein tolles Erlebnis. Es folgte ein langer und schöner Logeintrag auf der zuvor angemeldeten Geocaching-Plattform, worin ich mein Abenteuer schilderte.
Das Feuer war entfacht und das Dosenfieber in mir ausgebrochen.
Nach meinem Fund an dieser Klippe folgten Tage und Wochen, an denen ich immer wieder loszog, um mich erneut auf Schatzsuche zu begeben. Es war herrlich, mein GPS-Gerät führte mich an die spannendsten Plätze. Knifflige Rätsel und die verrückten Versteckideen anderer Cacher ließen mein Herz bei jedem Fund höher schlagen! Es war ein Traum und ich lebte dieses Hobby in vollen Zügen.
Eines Tages erschien dann eines dieser Logos für Stammtisch-Events auf meiner GC-Karte, gleich um die Ecke, hier in meiner Homezone! Es war doch sehr verlockend, denn ich wollte mittlerweile unbedingt die anderen Cacher aus meiner Region kennenlernen. Gesagt, getan, ich hatte mich angemeldet und fieberte schon leicht nervös dem Datum in meinem Kalender entgegen.
Der Tag kam und ehe ich mich versah, saß ich zwischen vielen Gleichgesinnten bei netten Gesprächen über unser gemeinsames Hobby. Das ein oder andere Gesicht hatte ich auch schon mal gesehen: Ein KFZ-Mechaniker aus der Werkstatt meines Vertrauens, eine Verkäuferin aus dem Supermarkt im Nachbarort und sogar der Mann vom Ordnungsamt, der mir immer so freundlich meinen Anwohnerparkausweis für teures Geld verlängerte. Ich war doch sehr überrascht, wer hier so alles saß. Schnell hatte ich Anschluss gefunden und erste Kontakte geknüpft. Nur ein paar Stunden später wusste ich über den neuesten Klatsch und Tratsch in der GC-Welt Bescheid. Lost Place, Powertrail, Archivierung, FTF, Rudelcachen, Statistik und Rätselcaches… Es gab so viel mehr als nur das einfache Cachen, wie ich es bisher betrieb!

An diesem Abend fiel mir allerdings ein Cacher-Team ganz besonders ins Auge. Sie waren sehr beliebt und hatten zu allem eine Antwort parat, standen quasi im Mittelpunkt des ganzen Stammtisches und alle lauschten gespannt ihren Erzählungen. Stolz berichteten sie von ihren Abenteuern, den tollen Lost Place Caches, die sie gefunden hatten, ihrer beeindruckenden Statistik und ihren Plänen für die Zukunft!
Ich spürte, wie der Neid in mir aufkam. Vermutlich war ich damit kein Einzelfall, wenn ich die Gesichter der anderen so betrachtete. Ich selbst war aber so ein kleines Licht, nicht einmal hundert Dosen zierten meine bescheidene Statistik, und diese fand ich auch nur im vergleichsweise langweiligen Nationalpark Harz. Dort gab es zwar landschaftlich schöne Geocaches, aber gerade der Reiz des Verbotenen blieb hier meist aus. Mit vielen Eindrücken beendete ich den Abend. Auf dem Heimweg gingen mir so einige Gedanken durch den Kopf, ich wollte mehr erleben und genau dahin, wo dieses andere Cacher-Team bereits war.
Der Neid beherrschte mich und nach einer unruhigen Nacht ging es daran, Pläne für meine GC-Karriere zu schmieden! Mit den Informationen des gestrigen Events und einem Blick auf die Karte stand schnell das heutige Ziel fest. Es sollte mein erster Lost Place werden. Und ich würde ihn ganz allein angehen!
Nach einer guten Stunde Anfahrt stand ich vor dem verlassenen und sehr imposant anzusehenden Objekt. Es war eines dieser FDGB-Ferienheime, welches der politischen Wende zum Opfer gefallen und Anfang der 1990er Jahre geschlossen worden war. Nachdem ich den Einstieg gefunden hatte, lief mir gleich der erste Schauer über den Rücken. Es roch nach feuchtem Mauerwerk, der Putz war größtenteils abgeblättert und Moos wuchs auf den Fußböden. Sachte wehten letzte Gardinenfetzen an den kaputten Fenstern im Wind.
Allein hierher zu kommen, war ganz klar eine Schnapsidee! Aber was muss, das muss! Ich wollte ja was erleben.
Ich kämpfte mich von Station zu Station, immer mit etwas Angst im Nacken. Was ist, wenn hinter der nächsten Tür ein Obdachlo-

ser mit einem Messer auf mich losgeht? Oder ein Drogendealer beim Abschließen seiner Geschäfte von mir überrascht werden würde? Wer hätte sich wohl mehr erschrocken? Unangenehme Gedanken begleiteten mich.

Dann passierte es, ein Windstoß rauschte durchs Haus, wirbelte Staub auf und ließ die Türen knallen! Ich erschrak so sehr, dass ich im Affekt ein paar Schritte nach hinten trat und prompt an einem Haken im Boden hängen blieb. Ein RUMS und ich lag am Boden. Angst flutete meinen Körper. Was war das eben? Das ganze ruinöse Objekt begann damit, seine gespenstische Wirkung wie einen Nebel auf mir abzulegen. Ich bemerkte erst jetzt, wie das komplette Gebäude ächzte und Geräusche von sich gab. Mir wurde schwindelig und im nächsten Moment spürte ich erst den stechenden Schmerz in meiner rechten Hand. Ein Blick auf diese verriet mir, in meiner Hand steckte ein großer rostiger Nagel und das Blut begann gerade zu laufen. Panik kam auf. Hektisch befreite ich mich von diesem Widerhaken, der aus einem am Boden liegenden Brett herausragte. Ängstlich blickte ich um mich. Ich wollte jetzt nur noch eins und zwar schnellstmöglich hier weg.

Endlich am Auto angekommen, blickte ich an mir herab. Ich war verdammt dreckig, blutverschmiert und meine Hand schmerzte fürchterlich. Eine Träne kullerte mir über die Wange und ich drohte in Schnappatmung zu verfallen. Aber schon im nächsten Moment hatte ich mich wieder auf die wichtigen Dinge besonnen. Ich war frustriert und wütend auf mich selbst. Ich bin doch wohl kein Sissi-Cacher!? Wie konnte ich mich nur derart erschrecken lassen? Ich war so nah dran, diesen Cache zu finden und nun ein „Abbruch"?

NEIN, niemals! Nachdem ich mich notdürftig versorgt hatte, ging ich zurück. Ich wollte diese Dose. Drei Telefonjoker später, mit den Nerven am Ende und mit meiner widerlich brennenden Verletzung, fand ich endlich diese kleine gemeine Drecksdose. Mit zitternden blutigen Fingern öffnete ich das Logbuch und schrieb meinen Namen hinein. Vermutlich hätte hier mein mit

Blut verschmierter Daumenabdruck mehr Wirkung hinterlassen, aber daran dachte ich in diesem Moment leider nicht. Ich fühlte dabei nur ein einziges Desaster und fragte mich, wo heute der Spaß an diesem Spiel geblieben war.
Zu Hause angekommen war ich alles andere als gut gelaunt, jetzt hieß es erst einmal Wunden lecken. Aber ein Gutes hatte die Sache, einen Punkt in der Statistik mehr und ein Lost Place, mit dem ich prahlen konnte! Ich gönnte mir ein Glas Rotwein und bemerkte fast selbst nicht, wie ich unerschrocken in Gedanken bereits den nächsten Ausflug plante. Denn ich wollte immer noch nur das Eine, meiner Statistik musste mehr Ausdruck verliehen werden. Ich wollte, dass mich alle bewundern.
Tag für Tag kreisten die Gedanken nur noch um dieses eine Thema. Egal bei welchem Wetter, ich war immer auf der Dosensuche. Vor der Arbeit einen schnellen FTF, auch wenn ich Gefahr lief, durch längeres Suchen zu spät zu kommen. Nach Feierabend ging es dann die Homezone leercachen oder selbst etwas verstecken. Alles andere um mich herum war mir egal geworden. Für meine alten Freunde hatte ich keine Zeit mehr. Ich hatte ja jetzt ein richtig geniales Hobby und die anderen waren doch im Gegensatz zu mir totale Langweiler.
Dann kam einer dieser ganz miesen Tage, es stürmte draußen und der Regen peitschte gegen die Fenster. Zu allem Übel hatte ich auch immer noch mit der Verletzung an der Hand zu kämpfen. Die Wunde suppte vor sich hin und sah irgendwie nicht gut aus. Vielleicht sollte ich damit tatsächlich mal einen Arzt aufsuchen. Naja, jedenfalls war an diesem Samstag nicht mehr ans Cachen zu denken, das Wetter war wirklich ungemütlich. Zufrieden war ich damit nicht, denn es war Wochenende und ich konnte dennoch nicht meiner neuen Berufung nachgehen. Höchst ungnädig beschloss ich, mir erst einmal in aller Ruhe einen Kaffee zu kochen und den Rechner hoch zu fahren. Mal schauen, was es noch so alles in der GC-Welt gibt. Schnell fand ich in einem dieser sozialen Netzwerke eine Liste von Vorschlägen für Gruppen zum Thema Geocaching. Ein, zwei Klicks und ich war in einer kleinen

Auswahl angemeldet. Ich war überrascht, wer sich hier so alles rumtrieb. Einige Namen hatte ich schon mal gelesen, darunter war sogar das beneidete Cacher-Team vom damaligen Event. Gespannt begutachtete ich jeden einzelnen Beitrag, kommentierte oder gab mein „gefällt mir" ab. So viel Klatsch und Tratsch über mein neues Hobby zu erfahren, empfand ich in diesem Moment wie eine echte Bereicherung. Schnell wurde ich in eine Diskussion verwickelt und es machte den Anschein, als würde man auch mir Aufmerksamkeit schenken. Ich war begeistert, endlich bekam ich meine erste Anerkennung! Denn damals auf dem Event nahm niemand wirklich Notiz von mir, da wurde ich schnell als Anfänger mit uninteressanter Statistik abgestempelt. Dann las ich einen Beitrag über kürzlich archivierte Caches, alles bekannte Dosen. Ich kratzte mir den Kopf und verfiel ins Grübeln, was hätte ich die gern mal besucht. Ich hätte sicher ordentlich Stoff zum Erzählen gehabt und die Dosen wären bestimmt ziemlich gut in meiner Statistik angekommen. Man war das ärgerlich! Ich saß noch einen Moment über dem Listing eines dieser archivierten Multis – wieder ein Lost Place mit vielen Favoritenpunkten – und es kam mir ein Gedanke: Eine seltene T/D-Wertung, ein anderes Bundesland, ein neues Souvenir und auch noch mein östlichster Fund. Prima, besser ging es doch gar nicht… „Was soll's, ich log den einfach!" Die Dose war eh durch ein gelegtes Feuer vernichtet worden, also konnte keiner nachvollziehen, ob ich nun im Logbuch stand oder nicht! Ohne ein schlechtes Gewissen zu bekommen, verfasste ich einen Logeintrag mit einem älteren Datum. Ich reimte mir einen schönen Text zusammen, etwas übertrieben, aber glaubwürdig und sendete meinen „Found it"-Log ab. Schon tauchte die Dose in meiner Statistik auf. Bei näherem Betrachten machte sie sich dort außerordentlich gut. Irgendwie hatte ich an diesem Tag Appetit bekommen und fand daran Gefallen, meine Statistik auf diese Art ein wenig aufzupeppen. Es folgten noch ein paar weitere Logs bei anderen Dosen und am Ende des Tages hatte ich doch tatsächlich, ohne auch nur einen Finger dafür krumm gemacht zu haben, ganze

neun Caches gefunden. Zufrieden lehnte ich mich zurück und genoss den Abend bei einer Flasche Wein.
Der darauffolgende Tag begann ruhig, das Wetter sollte schön werden und ich hatte mir eine nette kleine Wanderserie als heutiges Ziel ausgesucht! Ich fragte mich kurz nochmal, ob das, was ich gestern getan hatte, richtig war. Denn eigentlich hatte ich mich ja damit selbst beschissen. Ein plötzliches „PLING" aus Richtung meines Smartphones lenkte mich jedoch schnell wieder ab! Sicher irgendwo ein neuer Cache. Das wäre ja ideal, ich war schließlich gerade dabei aufzubrechen und so ein FTF am Morgen vertreibt bekanntlich Kummer und Sorgen.
Bei einem Blick in die E-Mail entglitten mir aber prompt sämtliche Gesichtszüge. Einer meiner eigenen Caches wurde soeben archiviert und das Listing auch gleich noch für weitere Logs gesperrt. Was war denn da passiert? Ich musste mich erst einmal hinsetzen und wollte das nicht glauben. Ich las die Mail des Reviewers und dachte an ein Missverständnis. Der aufgeführte Grund traf auf meinen Cache nicht zu. Ich konnte mir das Ganze nicht erklären und nahm mir vor, nachher erst mal den Reviewer anzuschreiben, um der ganzen Sache auf den Grund zu gehen.
Im nächsten Moment erreichte mich eine weitere Nachricht. Ein Bekannter, auch Geocacher: „Schau mal bei Facebook … die nehmen dich da gerade in einer dieser Geocaching-Gruppen auseinander!" Jetzt wummerte mein Herz und die blanke Angst stand mir ins Gesicht geschrieben. Schnell öffnete ich das soziale Netzwerk und sah das ganze Ausmaß der Misere. Man hatte mich an den Pranger gestellt und meinen eben archivierten Cache auseinandergepflückt. Die Dose lag im Eingang eines Bergbaustollens, der auf irgendeiner Karte in der untersten Naturschutzbehörde als Fledermausschutzgebiet eingezeichnet worden war. Leider stieß genau dies auf viel Unverständnis und man bezeichnete mich öffentlich als verantwortungslos. Keiner der virtuell Anwesenden kannte mich bis dato persönlich oder war jemals an dieser Dose gewesen, aber alle schlugen munter auf mich ein. Dass mein Cache aber tatsächlich an einer Stollen-Attrappe auf

einem angelegten Bergbaulehrpfad lag und das eigentliche Fledermausquartier zweihundert Meter weiter versteckt im Wald lag, das wollte niemand wissen. Es halfen keine Erklärungen, sie waren alle überzeugt von meiner Schuld. Meine Hände zitterten, mein Puls schoss in die Höhe und ich dachte, mein Herz springt mir gleich aus dem Hals. Mein Ruf in der Community war zerstört. Das Hobby, welches mir so sehr gefiel, entwickelte sich soeben zu meinem schlimmsten Albtraum. Mir war kotzübel! Eigentlich wollte ich nur noch ins Bett und nie wieder aufstehen! Doch stattdessen griff ich mir meine Tasche, mein GPS-Gerät, setzte mich ins Auto und fuhr einfach los. Egal wohin, ich gab Gas. Ich war wütend, gekränkt, verletzt und fühlte mich missverstanden.

Ich fuhr lange durch die Gegend und grübelte. Mit ihren Anschuldigungen hatten sie mich schwer getroffen. Trotzdem dachte ich vorerst nicht ans Aufgeben. So schnell wollte ich nicht mein lieb gewonnenes Hobby an den Nagel hängen. Dafür hatte ich nun aber hautnah miterleben dürfen, wie es ist, wenn man über Andere urteilt und eigentlich gar nicht weiß, was man damit anrichtet.

Ziemlich spät und immer noch sehr zerrüttet von den Ereignissen des Tages kam ich nach Hause. Mein erster Blick ging beim Betreten der Wohnung in Richtung Notebook. Der Gedanke daran, wie sie sich vermutlich den ganzen Tag über mich das Maul zerrissen haben müssen, löste in mir einen unangenehmen Adrenalinstoß aus, der durch Mark und Bein fuhr. Vielleicht hatten sie ja jetzt auch noch herausgefunden, dass ich mir am gestrigen Tag einige unrechtmäßige Logeinträge erschlichen hatte!? Das wäre ganz böse! Nun plagte mich zusätzlich auch noch ein schlechtes Gewissen und mir war klar, die Logs von gestern mussten wieder gelöscht werden! Zuerst wollte ich aber wissen, wie es um mich in der Cacher-Szene stand und schaltete den Rechner ein. Zu meiner Erleichterung hatten sich die Gemüter bezüglich meines Falls beruhigt, sie hatten sich bereits auf ein neues Opfer gestürzt. Diesmal war es ein Geocacher, welcher mit einigen Reviewern

ein freundschaftliches Verhältnis führte. Man unterstellte ihm Vorteile.
Mir wurde erst jetzt richtig bewusst, wie skrupellos der Alltag in der virtuellen Welt unter Geocachern aussehen konnte und wie ungehemmt hier teilweise auf Andere eingeschlagen wurde.
Ich zog mich zurück und wollte eigentlich um keinen Preis mehr auffallen. Diese dämliche Statistik war dadurch zum Glück in den Hintergrund gerückt, ich suchte nur noch die Caches, die mich wirklich ansprachen. Ich beobachtete dafür viel die Community im Internet, nicht zuletzt, weil ich Angst davor hatte, noch mal ins Visier der Anderen zu geraten. Es lief täglich dasselbe Schema ab, es wurde gemotzt, gemeckert und angeprangert. Aber dies passierte nicht nur in der virtuellen Welt, auch in der realen Welt wurde auf den Events immer wieder über andere Cacher oder die Reviewer gelästert. Neid und Missgunst herrschten auch hier.
Zudem brachten viele neue Geocacher durch ihre Unwissenheit Chaos in dieses Hobby. Die alten Hasen beschwerten sich über die wachsende Zahl von sinnfreien Kurzlogs sowie ständig kaputten oder gemuggelten Dosen. Nicht unbegründet, dachte ich mir. Derweil vermehrten wir uns gerade wie die Karnickel. Die Medien berichteten über uns und durch diverse Smartphone-Apps war die Dosensuche schnell umsetzbar geworden. Wir waren in aller Munde und das lockte immer mehr Leute an, die dieses Hobby nicht zu schätzen wussten. Missverständnisse, Rachefeldzüge, Schutzgebühren für veröffentlichte Caches, gehackte Profile, Fake-Accounts nur um Andere zu schädigen … so sah mittlerweile der Alltag aus.
Ich dachte mir, früher war das sicher mal anders! Früher hielten die Geocacher zusammen, würdigten die Mühe des Anderen und hatten gemeinsam Spaß am Hobby. Früher, früher, früher, früher gab es auch einen Kaiser! Aber die Zeiten hatten sich nun mal geändert.
Diese ganzen Vorfälle beunruhigten mich sehr! Doch heute wollte ich all diesen Schauergeschichten entfliehen und so hatte ich mich entschieden, mal wieder einen netten Cache zu suchen.

Es sollte nicht irgendeine Dose werden. Ich hatte mir den ältesten Geocache in meiner Region ausgesucht, denn diesen zierten seit dem Jahre 2002 gerade mal 99 Funde. Aber auch dieser war nicht ganz von den letzten Schlagzeilen verschont geblieben. Die Dose lag abseits der Wege und die Naturschützer sorgten sich um ihre wild wachsenden Orchideen. Der Besuch von nicht mehr als neun Geocachern im Jahr wäre eine Gefahr für die hier wachsende Flora und Fauna. Doch in meinen Augen war hier eher wieder einer der geschichtsträchtigeren Schätze für uns Cacher vom Aussterben bedroht. Ich empfand dieses ganze Puppentheater mittlerweile als völlig albern, es gibt doch eigentlich viel größere Probleme als ein paar popelige Dosensucher abseits der Wege. Aber bevor die Dose ins Archiv gehen sollte, wollte ich diesen historischen Ort wenigstens einmal besucht haben. Für mich waren diese alten Caches von ganz besonderer Bedeutung, erzählten sie doch die Geschichte von einer geheimnisvolleren Zeit dieses Hobbys. Ich wollte einfach wissen, wie diese alten Caches aussahen und wo sie sich versteckten.
Zwei Stunden und einen langen Fußmarsch später fand ich mich leicht außer Puste an den angegebenen Koordinaten wieder. Der Schweiß ran mir über die Stirn und ich konnte nicht leugnen, dass mir beim Aufstieg etwas warm geworden war. Ich befand mich auf einem kleinen Harzer Berggipfel mit einer faszinierenden Aussicht weit ins Land über Wälder und Felder. Ein schöner Ort und gleichzeitig sehr magisch, denn hier versteckte sich seit 11 Jahren einer der ältesten Caches des Landes. Hierhin fanden nicht viele Leute den Weg, denn Spuren der Zivilisation fand ich augenscheinlich keine. Nachdem sich meine Atmung und der Puls wieder normalisiert hatten, blickte ich mich um. Sofort fiel mir ein sehr unnatürlich angehäufter Stapel Zweige an einer Baumwurzel auf. Da musste es sein! Einen Moment später hielt ich das verwitterte Gurkenglas mit dem verrosteten Deckel in der Hand und zog einen Wust an Zetteln heraus. Es war ein fast zerfallenes Logbuch. Ich ordnete die Seiten und trug meinen Namen darauf ein. Zufrieden über meinen Fund griff ich noch den im

Glas liegenden Travel Bug und versteckte alles wieder so, wie ich es vorgefunden hatte.
Auf dem Weg zum Auto erinnerte ich mich zurück an meinen ersten Cache. Das war damals im Nationalpark, die Dose in den Granitfelsen, ein wundervoller Ort. Damals hatte ich mich hartnäckig in diese Höhle gequetscht und konnte nur mit Ach und Krach die Dose bergen. Das war für mich ein sehr eindrückliches Erlebnis. Dort spürte ich zum ersten Mal die Magie dieses Hobbys und das war der Tag, an dem ich mich davon infizieren ließ. Ein Geräusch weckte mich aus meinen Träumen, es war mein Telefon. Ein Blick darauf ließ mich mal wieder erblassen, der eben gefundene Cache wurde gerade archiviert. Mit solchen Schreckensmeldungen hatte ich ja nun ausreichend Erfahrungen gemacht, denn der Stachel meiner damals öffentlichen Steinigung saß immer noch tief. Ach war ich nun sauer! Eine Dose, die im Grunde niemandem Schaden zufügte. ZACK, BOOM, PENG, AUS und einfach WEG von der Karte! Dieses Relikt hätte Bestandsschutz verdient gehabt, aber die Naturschützer sahen das leider etwas anders. Ich war fassungslos und langsam wurde mir bewusst, dass das so nicht mehr lange gut ging.
Zu Hause angekommen, musste ich auf den Schreck erst mal ein Gläschen Kräuterschnaps trinken. Ich ärgerte mich! Da rannte ich stundenlang durch den Wald, um so ein geschichtsträchtiges Gurkenglas zu finden und dann war es am Ende des Tages nur noch Geomüll. Ich fuhr den Rechner hoch, um wenigstens noch einen Log dafür zu schreiben und den TB auszutragen.
Einen kurzen Moment später las ich wider Erwarten die nächsten Schlagzeilen in den Netzwerken. Ein Reviewer, völlig überlastet, seiner Arbeit überdrüssig, verlor die Nerven und löste eine Archivierungswelle aus. Er war es leid, für seine Arbeit ständig nur Anfeindungen statt Respekt und Anerkennung zu erfahren. Die betroffenen Geocacher reagierten natürlich höchst erregt und drohten ihm Schlimmstes an. Ich war schockiert, denn hier wurden öffentlich Drohungen ausgesprochen, die an die Substanz gingen. Einige Cacher sprachen sogar von Lynchjustiz. Wie

konnte man nur so verbissen an einem Spiel festhalten? Doch genau diese Verbissenheit war mittlerweile überwiegend zum Alltag in dieser Szene geworden.

Ich glaube, ich habe an diesem Abend die ganze Flasche Kräuter geleert. Was ich da zu lesen bekommen habe, wirkte auf mich wie ein schlechter Krimi. Jedenfalls wachte ich mit einem ziemlichen Brummschädel am nächsten Morgen mit dem Kopf auf der Tastatur meines Rechners am Schreibtisch wieder auf. Ziemlich zerknittert fiel mein erster Blick auf den Bildschirm. Der Bildschirmschoner schaltete sich aus und ich las auf der Startseite der bekanntesten Geocaching-Plattform: „Zu der von ihnen gewünschten Seite konnte keine Verbindung hergestellt werden!“ Ich stutzte, blickte kurz auf den WLAN-Router, alle Lämpchen waren grün… und klickte erneut auf aktualisieren. NIX! Ich klickte auf den Link zum Wetter und sofort baute sich die Seite auf. Sonnenschein und 25 Grad plus waren für die kommenden Tage angesagt. Ich dachte noch: „Eigentlich das perfekte Wetter für eine nette Cache-Tour!“ Ich klickte wieder auf die Geocaching-Seite, wieder nichts! Ich klickte auf den Link zu einem dieser GC-Foren und las entgeistert, dass sich in der letzten Nacht noch einiges mehr zugetragen hatte.

„Die Server aller Geocaching-Plattformen wurden bis auf weiteres stillgelegt!”

Die Gründer unseres Hobbys hatten sich nach einer nächtlichen Telefonkonferenz gegen eine Aufrechterhaltung aller Geocaching-Seiten im Internet ausgesprochen. Es wäre verantwortungslos, dieses Spiel so weiter laufen zu lassen. Egoismus, Neid, Rücksichtslosigkeit, Betrug und Lügen waren nie Inhalt der Idee, als damals vor mehr als einem Jahrzehnt der erste Geocache ausgelegt wurde. Einst sollte es um eine GPS-gesteuerte Schatzsuche gehen, welche die Menschen an besondere Orte führen und mit dem Fund eines Schatzes verzaubern sollte. Da dieser Grundgedanke verloren gegangen war, müssen nun alle mit der Konsequenz leben, dass hier ist nun das ENDE!

DIES IST EINE CACHESERIE, WIE SIE AUF DEM KASSELER GEOCACHER-STAMMTISCH AM 04.03.05 BESCHLOSSEN WURDE.
?
SATAN SUCKZ
J.C.

Das Ziel bestimmt den Weg

Bernhard Hoëcker

Blicke ich auf mein bisheriges Cacherleben zurück und betrachte die gesammelten Dosen, dann bin ich oft selbst überrascht, an welch merkwürdigen Orten ich mich aus welch merkwürdigen Gründen schon befunden habe.
Ich blättere durch die Logs, schaue mir die Karte an und frage mich: Was hat mich eigentlich dorthin verschlagen?
Was für ein Glück, dass kurz vor Fertigstellung dieses Buches eine besondere Tour anstand und ich noch frisch in Erinnerung schwelgend davon berichten kann.

Es begann alles am 19. September 2010. Tobi und ich waren vor ein paar Tagen aus Afghanistan zurückgekommen. Mit von der Partie war Renate. Wir sind beruflich verbandelt und privat befreundet, außerdem gehört sie mit zum eingefleischten Cacherteam für ungewöhnliche Orte. In Afghanistan habe ich für die deutschen Soldaten die Marilyn Monroe gegeben. Mein Schwerpunkt lag zwar weniger auf dem über einem U-Bahn-Schacht hochgewehten Kleid, dafür mehr auf Unterhaltung und Gesprächen mit den Soldaten. Nebenbei waren wir auf der Suche nach Dosen im Feldlager der Bundeswehr sowohl in Kunduz als auch in Termez und bei zwei Events trafen wir zudem noch ein paar Cacher in Uniform.
Der geografisch bewanderte Dosensucher wird sofort gestutzt haben: „Waaaaas? Termez? Das liegt doch in Usbekistan. Also ZWEI Länderpunkte?"
Ich kann mit einem klaren „Ja, zwei, in Worten: z-w-e-i Länderpunkte!" antworten und würde, genau wie jetzt wieder beim Schreiben, ein stolzes Grinsen nicht verhehlen können.
Wieder zu Hause wurde natürlich sofort geloggt, die Pocket Query mit meinen Funden erstellt und die Statistik aktualisiert.

Und schon leuchteten zwei weitere Länder in einem schwachen, aber für mich doch sehr farbenfrohen Grün.

Man wäre kein Cacher, würde man nicht sofort und ununterbrochen über die weißen Flecken daneben nachdenken. Und sofort fanden sich meine Finger auf der Tastatur wieder und suchten nach „Turkmenistan", einem Land südwestlich von Usbekistan.
Und wie es der Zufall wollte, fand sich dort der Earthcache „The Door to Hell".
Renate, die Earthcacherin im Team, die auch geologische Fragen beantwortet, die gar nicht gestellt werden, war sofort - und in diesem Fall thematisch auch wirklich passend - Feuer und Flamme und bei Tobi und mir fehlte es auch nicht an Begeisterung, zumindest als wir das erste Bild sahen:
Es handelt sich bei diesem Cache um einen künstlichen, brennenden Krater von ℑℌℬŧb Metern Durchmesser. (Die genaue Zahl werde ich natürlich NICHT angeben, denn das ist Frage eins ...)
Russische Geologen hatten 1971 auf der Suche nach Gas eine größere Erdgasblase angebohrt und diese ungewollt zum Platzen gebracht. Das ganze Equipment samt Fundament und Gestein stürzten in den entstandenen Hohlraum. Ich stellte mir das so vor, als sitze man auf einem Hüpfball und bohre mit dem Messer darin herum.
Dadurch entstand mitten in der Wüste ein rundes Loch, aus dem dann unentwegt Gas entwich.
Dieses wurde kurzerhand angezündet, in der Hoffnung, dass das Gas nach kurzer Zeit komplett verbrannt sein und Mensch und Tier in der Umgebung nicht vergiftet würden.

Doch die Hoffnung erwies sich als trügerisch und das war mein Glück. Der Krater brennt nach über 40 Jahren immer noch und macht seinem Namen alle Ehre. Die Bilder des schrecklich schönen Spektakels brannten sich in meinen Kopf. Auch wenn Turkmenistan nicht gerade zu den firstchoice Zielen für Urlaubsreisen zählt und sich der totalitäre Staat nicht besonders viel Mühe gibt, Touristen ins Land zu bitten, ich wollte das plötzlich unbedingt mit eigenen Augen sehen!

Immer wieder, wenn Freunde mich fragten: „Und, wo willste denn mal als nächstes hinreisen?“, erwähnte ich diesen charmanten Ort einsamer Idylle in der Wüste Karakum.

Den starren Gesichtern entnahm ich die unausgesprochenen Gedanken, dass es schon ziemlich bescheuert ist, wegen einer solchen Sache in ein touristisch eigentlich gar nicht erschlossenes Land zu fahren. Ich mag es allerdings, einem Hirngespinst zu folgen und sich so einem Land anzunähern, das man eigentlich nicht besuchen würde.

Zwei Jahre später erhielt ich von Renate eine Mail:
Direktflüge gibt es ab Frankfurt nach Aşgabat mit Lufthansa
Visum gibt es in Berlin
Mietwagen bekommt man bei den großen Hotels
Wann kann es los gehen?

Und so schob sich der vage Gedanke Schritt für Schritt nach vorne und nahm Gestalt an.

Im Januar 2013 der nächste Schritt mit einer neuen Mail:
Die empfohlenen Reisemonate sind April/Mai und September/Oktober.

Anfang März 2013:
Turkmenistan !!!
Es gibt grünes Licht: Tobi hat Zeit.

Ende März 2013:
Hava yollari nach Turkmenistan ist geregelt!!!

Ein Termin war fixiert, Flüge gebucht und es konnte losgehen. Das Land zu bereisen ist allerdings nicht ganz so einfach wie die Organisation eines kurzen Trips für den Statistikpunkt nach Luxemburg.

Turkmenistan ist ein sehr gastfreundliches Land. Allerdings mögen es die Gastgeber nicht so gerne, wenn man völlig unangemeldet vor der Tür steht. Deswegen hat man sich nur für einen Besuch einzufinden, wenn man vorher durch Turkmenen offiziell eingeladen wurde. Wenn man nun keine Turkmenen persönlich kennt, was trotz globaler Vernetzung jedem mal passieren kann, hat man die praktische Möglichkeit, über die Verbindung zu einem turkmenischen Reiseveranstalter eine solche Einladung zu bekommen. Für eine gewisse Gebühr natürlich. Mit der so erworbenen Gastfreundschaft hat man nun überhaupt erst die Möglichkeit, unter Einhaltung diverser Fristen, ein Visum zu erhalten. Selbiges kann allerdings auch ohne die Angabe von Gründen verweigert werden. Da man zu diesem Zeitpunkt in der Regel auch schon den Flug gebucht und bezahlt hat, könnte sich die Nummer in diesem Fall als äußerst unökonomisch für den eigenen Geldbeutel gestalten.
Zunächst mussten wir uns also einen Reiseveranstalter in Deutschland suchen. Dieser wiederum kontaktierte ein Reisebüro in Turkmenistan, das letztendlich die Einladung ausstellte, mit der schließlich das Visum beantragt werden konnte.
Hierfür benötigten wir Passbilder.
Das erledigte ich ganz traditionell an einem Fotofixautomaten, völlig oldschool. Das fühlte sich ein bisschen so an, wie mit Papierausdrucken cachen zu gehen …

Während wir ein paar Wochen auf die Einladung warteten, versorgte uns der Reiseveranstalter mit der Geschichte von einem Pärchen, das durch dieses Land reisen wollte. Aber während sie fahren durfte, hat man ihm aus nie genannten Gründen das Visum verweigert.

An einem Samstag Anfang Oktober sollte es los gehen. Mittwoch zuvor kamen die Pässe, just in time.
Der Flug über Istanbul nach Aşgabat dauerte zweimal dreieinhalb Stunden. Das ist erträglich und versorgt den Körper mit einmal Abendessen, einmal Frühstück und unruhigem Schlaf.
Am Flughafen von Aşgabat wurden wir dann von unserem persönlichen Guide abgeholt. Ein junger Mann namens Bakh, in Stoffhose, Ledersneakern und hellblauem Strickpulli begrüßte uns. An seinen Cacherklamotten müsste der noch mal arbeiten, das Cachemobil dagegen war perfekt. Bakh brachte uns zu einem geländegängigen Allradfahrzeug mit Fahrer, einem älteren turkmenischen Herrn mit einem kessen Käppchen auf dem Hinterkopf.

Hier machten wir uns zum ersten Mal Sorgen, ob wir unter den wachsamen Augen der sehr freundlichen Reiseleitung Marke Nordkorea in Ruhe unsere streng geheimen Plastikdosen würden suchen können. Es gab ein vorgegebenes Besichtigungsprogramm, die Tage waren durchgeplant, nichts dem Zufall überlassen. Das kollidierte leicht mit unseren Vorstellungen mal hierhin und dorthin zu pilgern. Auch war ich nicht sicher, ob wir uns mit einem GPS-Gerät einfach so durch die Gegend bewegen durften.

Gab es vor drei Jahren nur diesen einen Cache am Krater, so hatten es in der Zwischenzeit ein paar neue Dosen ins Land geschafft. Einige lagen in der Hauptstadt Aşgabat, aber einer, ein besonderer, war nur 400 Meter entfernt vom Earthcache auf unserem Radar erschienen. Die Dose lag seit April 2013 dort und war bis zu unserer Ankunft noch nicht gefunden worden.
Länderpunkt Turkmenistan, der Krater-Earthcache und ein FTF. Das wäre ein Hattrick erster Güte.

Zu guter Letzt hatten wir noch etwas Besonderes vor, wir veranstalteten ein eigenes Event! Vielleicht würden wir sogar auf Gleichgesinnte aus anderen Ländern treffen. Oder noch besser: Kontakt mit dem Geheimdienst aufnehmen.

Und außerdem würden wir so auf jeden Fall mindestens einen Länderpunkt Turkmenistan bekommen …

Doch zunächst fuhr uns der Wagen zum Hotel President am südlichen Rand der Stadt[1]. Wir bezogen unser Zimmer, und als wir dort auf dem Balkon standen, die GPS-Geräte gen Himmel reckten und unsere Position bestimmten, ging die Cachersonne auf. Die dunklen Wolken schoben sich zur Seite. Ein Sonnenstrahl fand seinen Weg auf unsere Displays und in hellem Licht erstrahlten drei der vier Dosen der Stadt auf dem Display. Und wir sahen, sie waren in Laufentfernung unseres Hotels.
Geschickterweise hatten wir das Event in der Nähe eines dieser Caches geplant, so dass alle Eventteilnehmer auch direkt ein Döslein loggen könnten. Außerdem war es so möglich, zu Fuß zum Event zu gelangen und ungestört unsere Caches zu suchen, ohne von Fahrer und Führer beobachtet zu werden.

Bevor wir allerdings tiefer in die Stadt eintauchen sollten, stand das Höllentor auf dem Plan. Wir fuhren voller Vorfreude mit dem Fahrstuhl in die Lobby, warfen Rucksäcke und Taschen auf die Zelte im Kofferraum und bestiegen den Geländewagen, der uns aus der Stadt führte.

Vorbei ging es an ordentlich aufgereihten neuen Bauwerken. Ob Hochhaus mit Wohnungen, Paläste, Ministerien, Schulen, alle sind mit italienischem Marmor verziert.

1 Tobi: Beim im Vorfeld beglichenen Preis für unsere Herberge waren wir davon ausgegangen, notfalls die Schlafsäcke zu benutzen und die Nasszelle nur mit entsprechender Fußbekleidung betreten zu können. Überraschenderweise handelte es sich aber um ein fünf Sterne Etablissement mit modernem und bisweilen sündhaft teurem Interieur auf 16 Etagen verteilt. Umso merkwürdiger war es, dass es so schien, als wären wir während unseres Aufenthalts fast die einzigen Gäste. Noch erstaunlicher, dass das komplette Haus, obwohl der Marmor an Böden und Wänden und die Edelholzverkleidungen alles andere als abgenutzt waren, im nächsten Jahr schließen soll, um einer Grundsanierung unterzogen zu werden. Wirtschaftlichkeit oder Bedarf scheinen jedenfalls keine Kriterien für die Existenz dieses Hauses zu sein.

Wegen der defekten Lampe wird bald das gesamte Hotel grundrenoviert und durch einen Marmorbau ersetzt.

Der erste Präsident, dessen demokratische Legitimation als durchaus fragwürdig bezeichnet werden kann, und der nach dem Zerfall der UdSSR und der Unabhängigkeit des Landes an der Macht geblieben ist, hatte sich in Saudi-Arabien in dieses edle Gestein verguckt und pappte das nun an jedes neu zu errichtende Gebäude. Und davon gab es viele. War doch nach einem Erdbeben im Jahre 1948 die gesamte alte Bausubstanz zerstört und in den Jahren danach durch russische Bauten ersetzt worden. Diese gereichten wohl nicht zur Zufriedenheit des Regierungschefs und wichen nun neueren, höheren und teureren Gebäuden. Ihre Optik besticht durch weiße Marmorplatten an der Außenfassade. Auch wenn sie sich in Architektur und Ornamentik stark unterscheiden, führt dieses Städtedesign dazu, dass Aşgabat auch die Weiße Stadt genannt wird. Nachts allerdings werden sämtliche weißen Flächen mit quietschbunten und blinkenden LED-Lampen in ein lasvegasianisches Farbenmeer getaucht.
Ein Hochhaus nach dem anderen wuchs im Laufe der Zeit in die Höhe. Eigentumswohnungen sollten immer mehr Menschen aufnehmen und die Neustadt zu einem pulsierenden Zentrum von Aşgabat machen.
Doch die Nachfrage ist eher gering. Das liegt einerseits daran, dass man keine Tiere wie Schafe und Ziegen in der Wohnung halten kann, andererseits an den teilweise zu hohen Preisen.
„Die liegen zwischen 50.000 und 150.000 Dollar pro Wohnung, nicht abhängig von den Quadratmetern, sondern von der Nähe zur herrschenden Klasse“, berichtete unsere Reiseleitung.[2]
Wir fuhren nach Norden über den Karakum-Kanal. Dieser Wasserweg wurde ab 1954 von den Sowjets gebaut und zapft das

2 Die Informationen, die uns von den Reiseleitern präsentiert wurden, sind allerdings nicht als wahre Fakten zu verstehen. Sie selbst gaben zu bedenken, dass sie streng vom Staat kontrolliert würden. Und zwar mit einem bunten Strauß geheimdienstlicher Methoden. Ein weiteres Indiz dafür, dass der Staat sich ein gewisses Maß an Mitspracherecht bei seiner Außendarstellung einräumen möchte, ist die Tatsache, dass Turkmenistan auf dem drittletzten Platz im Ranking der Pressefreiheit aller Staaten der Erde liegt.

Wasser des Amudarja an, um die südlichen Gebiete Turkmenistans in der Wüste am Fuße des Kopet-Dag Gebirges mit Wasser zu versorgen.
Ähnlich wie der Aderlass im Mittelalter dem geschwächten Patienten die letzte Lebenskraft raubte, so entzieht dieser Kanal dem Fluss, der von Süden kommend ursprünglich den Aralsee an der nördlichen Grenze zu Kasachstan füllte, die notwendige Wassermenge. Der Flüssigkeitsverlust führt zu einer völligen Dehydrierung des in den 1960er Jahren einmal 68.000 km^2 großen Wasserbeckens. Heute sind es gerade einmal noch 3.300 km^2.
Einstige Inseln des Sees sind inzwischen Teil des Festlandes. Der erste Gedanke „och, hübsch, dann kann man da ja jetzt hinlaufen" wird durch das Problem egalisiert, dass eine dieser Inseln von den Russen als Biowaffenexperimentalstation genutzt wurde. Die schwimmunfähigen Erreger erfreuen sich nun der Transportmöglichkeit im Körper von landlebenden Tieren. Deshalb befürchtet man nun, dass sie auf diesem Weg über Land zu den Menschen gelangen.

All dies ging uns, während wir den langen, mit braunem Wasser gefüllten Kanal passierten, nicht durch den Kopf, sondern erfuhren wir später in der Offline Wikipedia. Diese hatten wir vorsorglich auf unseren Tablets mitgenommen, da das Telefonnetz in Turkmenistan unfassbar teuer sein sollte.
Der Begriff Internet ist hier schon fast ein Fremdwort. Wie sollten wir nur direkt in der Wüste loggen ...?[3]
Von nun an zog sich die Straße in einer langen geraden Linie gen Norden durch die Wüste. Nur hin und wieder versperrte ein Kamel den buckeligen Wüstenhighway.

3 Tobi: Die aktuellste in Deutschland erhältliche Ausgabe eines Reiseführers schrieb noch davon, dass Mobilfunk mit ausländischen Telefonen wegen fehlender Roamingeinigungen komplett unmöglich wäre und das Internet verboten. Mittlerweile kann man zu deftigen Preisen telefonieren und es gibt einige wenige Internetcafes für die Bevölkerung. Der Illusion, dass nicht jedes Wort vom Staat mitgelesen wird, gibt sich dort jedoch niemand hin.

Zwar handelte es sich um eine sehr breite Teerdecke, dennoch ließ unser Fahrer keine Gelegenheit aus, immer wieder auf die linke Fahrbahnseite zu wechseln. Da sich sein Lenkrad ebenfalls links befand und ich mich an den Verkehr in der Stadt erinnern konnte, die wir ja gerade erst verlassen hatten, vermutete ich, dass es auch hier in der Wüste ein Rechtsfahrgebot gibt und suchte nach einer Erklärung.
Diese bekam ich von unserem Guide, Bakh. Dieser Name war nur eine Abkürzung und weit einfacher zu artikulieren als sein kompletter Name Bayliyev Bakhtiyar.
Die LKWs, die diese Transitstrecke vom Iran nach Kasachstan nutzten, seien so schwer, dass der im Sommer sehr heiße Teer das Gewicht nur noch durch Verformung ertragen könne. Somit entstünden Bodenwellen, denen unser Fahrer ausweichen wolle.

Warum es auf der Gegenspur weniger Unebenheiten geben soll, erschließt sich mir nicht. Ich vermute einfach mal, dass Waren, die aus dem Iran durch Kasachstan nach Russland transportiert werden, schwerer sind als diejenigen, welche von Norden nach Süden unterwegs sind. Uranzentrifugen sind wohl leichter als Obst.

Bei einem Tankstopp in Erbent, einem Nomadendorf am Wegesrand knapp 160 Kilometer von der Hauptstadt entfernt, wurden wir Zeuge der Festvorbereitungen für eine Hochzeit. Flache Häuser, ein kleines Festzelt und Jurten, Zäune aus Holz und ein Haufen Menschen, die sich um einen Schlachtplatz drängten. Wir tauchten kurz in den Trubel ein und erfuhren, dass hier am nächsten Tag eine Vermählung stattfinden solle und es heute für diejenigen ein Essen geben würde, die morgen auf dieser Feier bedienen müssten. Ein paar Ziegen wurden vor unseren Augen erst ihres Lebens und dann ihres Fells entledigt, um direkt um die Ecke in riesigen Kesseln auf dem Feuer zu garen.

Zum ersten Mal in meinem Leben sah ich, wie ein Messer durch den Hals eines Bockes fährt, wie eine Hand unter der Haut des noch am Körper haftenden Fells hantiert und Eingeweide mit der Hand weggetragen werden.
Ich fragte mich, ob mir das bei einem Earthcache in der Lüneburger Heide auch geboten würde. Ich glaube kaum. Da muss man schon weiter fahren, nach Brandenburg vielleicht.[4]

Selbst wenn nach dieser Reise nicht ein einziger Länderpunkt in meiner Statistik auftauchen würde, diesen Log in meiner Erfahrung würde niemand löschen können.
Nach kurzer Zeit, die unser Fahrer zum Tanken genutzt hatte, fuhren wir weiter. Es waren nur noch 70 Kilometer, keine ganze Stunde Fahrzeit, und wir würden an dem Ort sein, der seit drei Jahren auf unserer emotionalen Watch- und ToDo-Liste an oberster Stelle stand.
Zwischendurch zweifelte ich daran, jemals dort anzukommen. Der Fahrer fuhr mit gefühlt weit überhöhter Geschwindigkeit über die hubbelige Straße. Seine von der Wüstensonne gegerbte

4 Tobi: Warum sollte es dir nicht in Deutschland passieren, dass du zusehen kannst wie ein Tier geschlachtet wird?
Bernhard: Nenn mir mal einen Ort in Deutschland, wo mitten auf dem Dorfplatz ein Tier vor allen geschlachtet und ausgenommen wird … Das findest du beim Metzger oder irgendwo in einem Bauernhof. Aber als Dorfevent?
Tobi: Ich glaube schon, dass auf dem Land, wo noch selbst geschlachtet wird, ein großes Trallala ist, wenn für ein Hochzeitsfest irgendwelche Viecher geschlachtet werden. Vermutlich nicht auf dem Dorfplatz, aber das war es da ja auch nicht. Der Schlachtplatz war neben der Toilette und nicht in der Mitte des Dorfes. Und dafür, dass dort über 500 Menschen wohnen, würde ich die fünf Hilfsmetzger auch nicht als „alle“ bezeichnen.
Bernhard: Ich verweise da auf die Verordnung Nr. 854/2004 des europäischen Parlaments und des Rates vom 29. April 2004. Dabei geht es um die besonderen Verfahrensvorschriften für die amtliche Überwachung von zum menschlichen Verzehr bestimmten Erzeugnissen tierischen Ursprungs.
Tobi: ok, 1:1
Bernhard: Gnah, gnah, gnah … ok.

Haut machte ihn viel älter, als wir dachten, aber ihn nicht zu einem souveräneren Fahrer. Das Käppchen bedeckte seinen Kopf und er hatte kleine Schlitzaugen, die er wegen der gleißenden Wüstensonne immer zusammenkneifen musste. Von der Seite gesehen hatten wir deswegen ständig Angst, er wäre auf der monotonen Straße längst am Steuer eingenickt.
Wir passierten zwei andere Krater, die allerdings bei weitem nicht so spektakulär waren wie unser Ziel, sahen eine Fabrik in der Wüste, in der Gas verdichtet und dann auf seine Reise geschickt wurde. In Rohren, die so groß seien, dass man wohl mit einem Auto durchfahren könne, wie man uns drei Europäern erklärte.

Weiter ging es immer geradeaus, bis unser Fahrer schließlich von der Hauptstraße abbog und einer Sandpiste folgte. Der Wagen schlingerte, arbeitete sich eine Böschung hinauf und fuhr auf der Kuppe entlang. Als er das Ende des Sandhügels erreichte und über die Kuppe fuhr, lag er direkt vor uns:

Der Krater

In einem tiefer liegenden Plateau, umgeben von kleineren und größeren Hügeln, lag das kreisrunde Loch.
Die rußschwarzen Ränder hoben sich in starkem Kontrast zum hellen Wüstenboden ab.
Der Wagen hielt einhundert Meter vor dem flammenden Trichter und wir stiegen aus.
Sofort hörten wir das Rauschen des Feuers, wie ein entferntes Brüllen klang es aus dem schwarzen Loch.
Langsam ging ich darauf zu und sah die ersten Flammen emporschlagen. Kleine orangefarbene Lichter züngelten an verschiedenen Stellen zwischen dem im Krater liegenden Geröll hervor.

Eine Windböe schlug mir die heiße Luft entgegen, ich roch das Methan, das unverbrannt in die Höhe stieg und sich in der Umgebung verteilte.

In einem Bogen näherte ich mich vorsichtig der Abbruchkante und schaute hinein.
Im Zentrum stach eine mehrere Meter hohe Flamme in die flirrende Atmosphäre. Ein Rauschen umgab mich und ständig drückte mich eine Wand aus Hitze vom Kraterrand weg.

Nun war ich also endlich angekommen, an dem Ort, den ich vor fast genau drei Jahren im Internet zum ersten Mal entdeckt hatte, auf einer digitalen Karte, auf der sämtliche Dosen zu sehen sind, zuerst als kleiner weißer Kasten, beim näher Heranzoomen als Geist, dann als angeschnittene Erdkugel in weißem Quadrat mit abgerundeten Ecken – und jetzt hier, nur einen Meter davon entfernt, ein großes brennendes Loch mitten im Nirgendwo, ein wahres Tor zur Hölle.

Wir alle, Tobi, Renate und Bakh liefen um das Loch herum. Wir staunten hier, fotografierten dort, versäumten es nicht, alle erdenklichen Speicherkarten mit Fotos zu füllen, um bei unseren virtuellen dosensuchenden Beobachtern eine gehörige Portion Neid zu provozieren.

Hier mache ich gerade ein Panoramabild, das aber nicht ins Buch passt. Wer es sehen will, müsste mal mein Handy ausleihen.

Dabei hing jeder seinen Gedanken nach. Der Blick in die lodernde Tiefe glich dem beruhigenden Moment beim Betrachten der letzten Glut des ausbrennenden heimischen Kamines.
Die Gedanken schweiften ab.
Der Cache war fast vergessen. Doch zum Glück rief Renate: „Wir müssen den Durchmesser wissen.“ Und ich markierte auf dem GPS-Gerät an zwei Seiten des fauchenden Trichters Wegpunkte, um sie später, irgendwann, wenn ich mich vom Anblick dieses Schlundes gelöst hätte, zu vermessen.

Nach einiger Zeit waren alle Fotos geschossen, alle Videos gedreht. Jetzt im Nachhinein stelle ich fest, dass die Bilder doch eine gewisse Ähnlichkeit haben. Am Loch schien es jedes Mal ein neuer Eindruck zu sein.

Ich schaute mich schließlich nach den Anderen um. Tobi hielt sein 250er Teleobjektiv immer noch in das Flammenmeer, um mit großer Brennweite noch ein paar Gaspartikel einzeln einzufangen.
Renate war mit Bakh schon auf dem Weg zu unserem Lagerplatz. Sie hatten ihn 300 Meter abseits auf einer kleinen Anhöhe gewählt. Das sollte verhindern, dass wir die Nacht in einer Gasblase am Boden verbringen würden, was das morgendliche Erwachen auf ziemlich unbestimmte Zeit verschieben könnte. Dort stand auch schon unser Fahrer und hatte den Wagen geparkt. Ich sah Decken und Zelte, die er gegen den scharfen Wind kämpfend auf dem Boden verteilte. Während wir mit Wanderstiefeln unterwegs waren, um uns vor den Bissen der Schlangen zu schützen, watschelte er mit Sandalen durch den Sand.

Ich folgte den beiden anderen, so langsam verschwand die Wärme des Feuers und wurde durch den kalten Wüstenwind ersetzt.
Am Lagerplatz angekommen, bauten wir die restlichen zwei Zelte auf. Ein Feuer wurde angezündet. Dann griff Bakh nach zwei Stöcken, kreuzte sie und nutzte sie so als Zange, um eine

gußeiserne Kanne mit Wasser in die Glut zu stellen. So wurde Tee gekocht.
Bakh öffnete eine Tüte und zog mehrere Stücke Fleisch heraus, klemmte sie zwischen zwei Roste und legte diese in die Flammen während der Fahrer Tomaten und Auberginen auf einen Spieß steckte und diese am Rand der Feuerstelle über der Glut drapierte.
Tobi suchte immer neue Positionen, von denen aus er mit Stativ und Verschlusszeiten jenseits der 2 Minuten Bild um Bild schoss. Keine Ahnung wie lange er brauchen wird, um die guten von den sehr guten Bildern auszusortieren.

Dann wurde gegessen. Bakh erschuf aus den Resten der kargen Vegetation ein 1a Lagerfeuer, welches zwei Kilogramm Geflügel- und Hackfleisch in Abendessen und Frühstück verwandeln konnte. Als Speisesaal diente ein dicker Teppich, auf dem wir schneidersitzend das gerupfte Geflügel mit Fladenbrot und gerösteten Tomaten verspeisten. Das sandige Knirschen zwischen den Zähnen wurde dann auf Anweisung der Reiseleitung ganz traditionell mit einer Flasche Wodka weggespült. Nachdem jeder von uns mehr oder weniger viel von diesem Getränk verköstigt hatte, hatte sich auch die Sorge vor den Skorpionen, die wohl überall im Sand um uns herum lauerten, verflüchtigt.

Fürs Auge leuchtete der Krater bei zunehmender Dunkelheit in immer kräftigeren Orangetönen in 300 Meter Entfernung. Er war der Grund, warum wir hierher gefahren waren, und als Gastgeber begleitete er uns solange wir nur wach waren und hinschauten.

Die Nacht war bitterkalt, aber erholsam und am nächsten Morgen wurde nach einem ausgiebigen Frühstück mit gewürztem Hackfleisch, Brot und schwarzem Tee zusammengepackt.
Während die letzten Taschen noch im Auto verstaut wurden, machten wir drei uns schon mal auf den Weg.
Wir hatten da ja noch unseren FTF zu erledigen.

Weil wir nicht wussten, wie unser Führer, den man von Staats wegen dabei haben muss, auf unsere Dosensuche mit Hilfe amerikanischer Satellitensignale reagieren würde, sagten wir „Wir gehen nochmal eben zum Krater."
Der Plan war, nach einem kurzen Stopp diesen zu passieren, hinter uns zu lassen und dann die weiteren 400 Meter den Hügel hinauf zu stapfen.
Schon in der Beschreibung wurden diverse Spoilerbilder mitgeliefert, weil die Koordinaten wohl etwas ungenau sind, wenn man denn 250 Meter als „etwas" bezeichnen kann.
So hangelten wir uns von Bildausschnitt zu Bildausschnitt, die Renate wohlweislich ausgedruckt hatte, und stapften durch den weißen Sand.
Überall waren kleine, fuchsbauartige Löcher in den Boden gegraben und wir erinnerten uns ständig an die Geschichten, die Bakh uns die ganze Hinfahrt und immer und immer wieder am Lagerfeuer erzählt hat. „Hier leben Schlangen, die zwei Meter weit springen können. Spinnen wie die Schwarze Witwe krabbeln hier herum und suchen die Wärme des menschlichen Körpers."
Ich hoffte, dass mir kurz vor dem Biss des Urmünders das Blut in den Adern erstarren würde und diese Eiseskälte mich quasi unsichtbar im Auge des Oktopoden werden lassen würde.

Dann stand ich oben auf dem Hügel und rief: „Noch 125 Meter in dies..."
„Hier isser!", unterbrach mich Renate.
Mit ihren Adleraugen hatte sie den grünen Deckel der Plastikdose erspäht.
Mit einem Stock angelte sie das Behältnis heraus.
Freudig öffneten wir den Deckel.
Voller Begeisterung klappten wir das Logbuch auf.
Wir würden hier einen Cache loggen, der Monate nach seiner Veröffentlichung noch nicht gefunden worden war.
Doch dann sahen wir sie. Die Schriftzeichen auf der ersten Seite.

Mit pigmenthaltiger Flüssigkeit gezogene Linien.
Schwarze Schrift auf weißem Grund. Ich kam gerade bis zu „T“ von „FTF“. Da verschwamm alles vor meinen Augen.

Am 5. Oktober, zwei Tage zuvor, war ein Cacher hier gewesen und hatte den FTF gemacht. Da reist man 5.000 km über zwei Kontinente und jemand anderes ...
Aber der Frust hielt nicht lange, so 12 Femtosekunden. Ich bin ja nicht so der FTF-Jäger. Statistik spielt für mich keine große Rolle. Außer Länderpunkte.
Und T5er.
Und ...

Wir freuten uns auf jeden Fall, einen STF loggen zu können, immerhin auch etwas mit Abkürzung.

Unser Fahrzeug stand unterhalb des Hügels bei einer anderen Gruppe von Kraterbewunderern und Bakh unterhielt sich mit deren Reiseführern als wir zurückkamen. Wir bestiegen den Wagen und rumpelten zurück zur Hauptstadt, immer brav auf der linken Straßenseite.
Den Weg nach Aşgabat verbrachten wir damit, unser merkwürdiges Hobby einem Neuländer in Geocaching in einem Land mit schlechtem Netz, langsamem Internet und einer sehr geringen GPS-Geräte-Dichte zu erklären.
Ich schlief irgendwann ein, Renate übergab Bakh die Cachebeschreibung und er erklärte, sich die Seite unbedingt mal ansehen zu müssen.

Als ich vier Stunden später erwachte, standen wir vor dem Hotel. Wir verabschiedeten uns von Bakh und dem Fahrer, bestiegen den Aufzug und gingen in unser Zimmer, um uns auszuruhen. Wir mussten fit sein, denn den Rest des Tages hatten wir zur freien Verfügung und waren von der Leine des motivierten und staatlichen Fremdenführers gelassen.

Außerdem stand noch das große Event auf dem Plan.
Im Vorfeld hatten wir überlegt, ob der Owner eines Events sein eigenes loggen darf, oder wie man in einem solchen Fall verfährt. Wo es doch um einen so schönen Länderpunkt geht ...
Einen zweiten Account nutzen, um dann selber loggen zu können?
Jemanden Drittes fragen, ob er uns das Event auf GC.com reinsetzt ...
Letztendlich habe ich dann das Treffen erstellt und würde es auch selber loggen, denn ich war ja da. Ich freute mich schon auf die ganzen hämischen bösen Kommentare, seitenweise Einträge im Grünen Forum und persönliche Attacken bei zufälligen Cachertreffen. „Selbstlogger!" werden sie mich nennen.

Somit stand aber fest: Heute um 18 Uhr am großen Fahnenmast würde ich auf andere Cacher treffen. Ein Logbuch aus Deutschland war in meiner Hosentasche und zwei Gäste hatten bereits ihr „will attend" geschrieben: Tobi und Renate.

Der Ort war gut gewählt. Direkt vor dem Nationalmuseum Turkmenistans steht der höchste Fahnenmast der Welt, mit 133 Metern und einer Flagge von 53 x 30 Metern, die bei Windstille durch ein eigenes Gebläse zum Flattern gebracht werden kann. Zumindest sagte uns das die Reiseleitung einen Tag später.
Nach Recherchen im Internet wird er eher als vierthöchster Fahnenmast dieser Welt gewertet. Uns war das egal. Auch ob der selber pustet oder nicht. Er ist einfach sauhoch. Und prusiken wollte ich diese Strecke nicht.
Der ist auf jeden Fall nicht zu übersehen. Um die Soldaten, die auf dem Gelände herumliefen und Ehrenwachen abhielten, nicht in Dienstzwang zu versetzen, hatten wir beschlossen, die GPS-Geräte verdeckt zu halten.

Eine halbe Stunde vorher machten wir uns auf den Weg. Noch schnell zwei andere Dosen suchen, die dort in den Büschen liegen

sollten. Die Beschreibungen waren eindeutig: „Auf der Bank sitzend, zu Fuße der ersten Lampe im Gebüsch“ und an einer anderen Stelle: „Vor dem Eingang stehend die ganz rechte Bank, dort an der linken Armlehne im oberen Bereich den Nano suchen.“
Zwar gab es einige DNFs, aber da ein Marsellus Wallace fündig geworden war, hatten wir Hoffnung, ebenfalls den Zugriff schaffen zu können.
Doch es half nichts. Unauffälliges Schuhezubinden (Macht man das eigentlich in diesem Land?), Fotos aus gaaaaaaaanz abgefahrenen Bodenperspektiven (Ist das erlaubt?) und Fallenlassen von Haustürschlüsseln (Wozu braucht man hier einen Haustürschlüssel?) halfen alles nichts.
Die Dosen waren verschwunden.
Erst später wurde uns klar, wie sinnlos solche Verstecke sind. Ein Heer von Arbeitern reinigt ständig und immer wieder sämtliche metallenen Oberflächen, gräbt jedes Beet mehrmals täglich um, damit die künstliche Bewässerung das Wurzelwerk der hier gar nicht endemischen und furchtbar durstigen Pflanzen erreicht[5].
Umso erstaunter waren wir, einen Petling vorzufinden, der hier zwischen drei sich aus einer Wurzel nach oben wachsenden Stämmen befand. Von einer „Cache Alliance“ gelegt, die vornehmlich in Deutschland und den USA aktiv ist und von einem englischen Reviewer freigegeben, findet diese Freizeitbeschäftigung jenseits der inländischen Aufmerksamkeit statt.

5 Tobi: Und das ist nicht die einzige Stelle in der Stadt, an der man regelmäßig die Blumen gießen muss. Der große Führer der Turkmenen fand zu Lebzeiten, dass die Kiefer ein hübsches Bäumchen für sein Hauptstädtchen wäre und ließ hunderttausende im gesamten Stadtgebiet anpflanzen. Auch an den Stadträndern werden ganze Wälder dieser Art aufgeforstet. Da es sich bei der Kiefer nicht um eine typische Wüstenpflanze handelt, hat sie wesentlich höhere Ansprüche an ihre Wasserversorgung, als die umgebene Natur zu geben in der Lage ist. Dafür sind kilometerlange Leitungen über das komplette Stadtgebiet verlegt worden, um quasi jede Pflanze persönlich mit dem wertvollen Gut einzeln zu beschenken. Skurrilerweise sorgt also das Glück dieser deplazierten Kiefernarmee ein paar hundert Kilometer weiter am Ex-Aralsee für eine reale Bedrohung durch Biowaffen (s.o.)

Dann warteten wir auf die Gästeschar des Events.
Wir gingen zur Flagge und schlenderten unauffällig um den Mast herum.
Da kamen zwei Männer mit einem Zettel in der Hand.
Wir stellten uns unauffällig auffällig in den Weg und sie kamen leichten Schrittes direkt auf uns zu.
Wir lächelten sie an, sie grinsten zurück.
Dann waren sie bei uns und ... liefen an uns vorbei, begrüßten die Soldaten in den Wachhäuschen hinter uns und verschwanden auf dem Gelände.
Später sollten sie als Wachablösung wieder an uns vorbeistiefeln, dann aber in Uniform mit gestreckten Beinen und ernstem Gesicht.
Schade.
Mein erstes selbst erstelltes Event.
Und dann nur Besucher, die ich quasi selber mitgebracht habe.
Dafür war es ein sehr persönliches Treffen, wir tauschten uns aus, erzählten von den letzten großen Ereignissen „Ach, du warst auch bei ‚The Door to Hell'?"
Und so beschlossen alle Eventteilnehmer in die Stadt zu fahren und lecker essen zu gehen.
Bei gegrillten Bifteki aus Huhn und Rind ließen wir den Abend gemütlich ausklingen.

Am nächsten Morgen hieß es früh aufstehen. Um 9 Uhr wollte uns Natascha, die neue Reiseleitung, abholen und durch die Stadt führen.

Wir selbst hatten noch ein letztes Ziel in diesem Land. Eine Dose, etwas entfernt, abseits der Stadt auf einem Berg.
Eine Seilbahn sollte dorthin führen, doch die war in regelmäßigen Abständen außer Betrieb.

Wir setzten uns in die Lobby und warteten auf unsere Pässe, die wir zusammen mit einem extra Passfoto einen Tag zuvor hatten abgeben müssen. Sie waren von einem Kurier zwecks Registrierung zu einer Behörde gebracht worden. Der Sinn für diesen Verwaltungsakt erschloss sich uns nicht, aber es ist schon ein komisches Gefühl in einem von Willkür geprägten totalitären Staat den Reisepass, und somit seine Identität und Rückfahrkarte zugleich, fremden Menschen auszuhändigen, ohne zu wissen, was genau die damit vorhaben und ob die überhaupt etwas mit den Behörden zu tun haben.
Auf dem Sofa sitzend besprachen wir solange den Tagesablauf. Ganz nebenbei ließen wir ein „Gibt's da nicht 'ne Seilbahn?" fallen.
„Ja, schon. Die ist auch grad in Betrieb", gab sie in ihrem unverkennbar russischen Akzent wieder. „Aber seeehr langweilig. Nicht gut für Touristen", fuhr sie fort.
„Och, aber wir haben gehört, das ist eine Schweizer Firma gewesen und das wäre doch interessant", warfen wir ein albernes, völlig unglaubwürdiges Argument in den Raum.
„Na, gut. Erst Seilbahn, dann die Stadt."

Da unsere Pässe dann doch erst in ein paar Stunden wieder das Hotel erreichen sollten, fuhren wir direkt hinaus in den Süden, zu den ersten Ausläufern des Kopet-Dag Gebirges.
Über mehrere völlig leere, sechsspurige Straßen mit bewässertem Grünstreifen in der Mitte landeten wir auf einer kleineren Zufahrt zur „Talstation".

Und dann hatten wir sie vor uns: eine Seilbahn, genau wie in den Alpen. Sie führte nur nicht über grüne Wiesen, weidende Kühe und dichte Tannenwälder, sondern über braunes Gras, braunes Gras und braunes Gras.
Oben angekommen machten wir uns direkt auf die Suche und fanden - um die Spannung jetzt nicht sinnlos auf die Spitze zu treiben: Nichts.

Der Nano sollte an einer Bank hängen, aber nachdem wir die sauberen Metalllehnen sahen, vermuteten wir schon, nichts zu finden. Als dann auf dem Boden Spuren von Farbe auftauchten, die darauf hinwiesen, dass die Bänke alle neu gestrichen worden waren, stellten wir die Suche ein.

Merkwürdig war nur, dass der Cacher Marsellus Wallace, der bei sämtlichen Dosen erfolgreich war, die wir nicht gefunden hatten, auch hier ein „found it" geloggt und den Cache sogar als „nice" bezeichnet hatte.
Wollte sich da jemand ein paar schöne Länderpunkte in die Statistik packen? Tststs.

Dann ging es zurück in die Ebene und den Rest des Tages verbrachten wir damit, uns die Stadt anzusehen.

Am Ende der Reise hatten wir die erfolgreiche Beute von einem Earthcache, einem Event, zwei Finds und zwei - darum werden mich viele beneiden - „Needs Maintenance".

So stellte ich mir das Skigebiet in Turkmenistan vor - nur ohne Tannen, Schnee und Winterklamotten...

Aber das Schönste sind und bleiben natürlich die Erinnerungen an dieses doch etwas merkwürdige Land.

Am erstaunlichsten und beeindruckendsten fand ich die Ausprägungen des Personenkults rund um den ersten Präsidenten Saparmyrat Nyýazow, der sich später selbst Türkmenbaşy, Führer der Turkmenen, nannte.
Diverse Bauwerke sind nach ihm benannt. Neben Kindergärten, Schulen und Straßen gibt es die Türkmenbaşy-Moschee, den Türkmenbaşy-Flughafen und selbst eine Stadt, die ehemals Krasnowodsk hieß, wurde kurzerhand ihres Namens beraubt und zu Türkmenbaşy umbenannt.
Die Geldscheine trugen sein Konterfei, das Senderlogo war ein goldenes Profil seiner Herrlichkeit und sogar ein Komet fliegt unter seinem Namen durchs All.
In der ganzen Stadt stehen vor diversen Denkmälern zusätzlich noch komplett vergoldete Statuen von ihm: die Hände ausgebreitet, in einen wallenden Umhang gehüllt, und auf eine Säule gestützt den Intellektuellen mimend.

Doch mein persönliches Lieblingsstandbild ist der Neutralitätsbogen. In 30 Metern Höhe steht der gute Mann und reckt seine Hand gen Horizont. Diese Statue dreht sich so, dass ihr immer die Sonne ins Gesicht scheint.

Auch kulturell war er schwer unterwegs. Er schrieb ein eigenes Buch, die Ruhnama, das Buch der Seelen. Ein Meisterwerk, das sich mit Moral und der Geschichte Turkmenistans befasst, zumindest mit der Geschichte Turkmenistans aus seiner Sicht. Jenes Buch war Pflichtlektüre in Schulen, Ministerien, einfach überall.
Er hat die Monate umbenannt, nach sich, seiner Mutter, seinem Buch. Und auch die Wochentage wurden mit neuen Namen versehen.

Nach einer Herz-OP in Deutschland hat er in seiner Heimat ein öffentliches Rauchverbot verhängt. Gequalmt werden darf nur im Restaurant, einer Mall und natürlich zu Hause bei der Familie. Lecker.

Ein 36 Kilometer langer Trimm-Dich-Pfad zieht sich vor der Stadt durchs Gebirge und die Minister mussten ihn einmal im Jahr gemeinsam ablaufen. Auch wenn sie nur ein Stück davon entlang rannten und auch wenn sie zurück mit dem Hubschrauber fliegen durften, war das wohl nicht so unanstrengend, wie uns die Reiseleitung mit Worten beschrieb, die so klangen, als würde sie bereits bei der Vorstellung Muskelkater bekommen.

Während wir so von Denkmal zu Denkmal, von Prachtstraße zu Prachtstraße, von goldener Statue zu goldener Statue fuhren, fragte ich mich, was wäre, wenn ich diktatorischer Präsident Turkmenistans wäre.

Zunächst würde ich natürlich eine rechtsstaatlich kontrollierte Verwaltung einführen, ein funktionierendes Rechtssystem installieren, Korruption und Vetternwirtschaft beenden und auch sonst alles so wie in Deutschland machen.
Dann hätte ich als Diktator Zeit, mich dem Cachen zu widmen.
Mit den Wochentagen finge ich an. Statt Montag, Dienstag, Mittwoch und so weiter hießen sie Traditag, Multitag, Earthtag, Virtualtag, Mysterytag, Eventtag, MEGAtag.

Als Senderlogo würde ein kleines Found Icon in der rechten oberen Ecke des Fernsehers prangen. Mitarbeiter der Behörden dürften erst am Arbeitsplatz erscheinen, wenn sie einen morgendlichen Fund geloggt hätten.
Die Parlamentssitzung würde ich als Event ausweisen. Die große Militärparade wäre ein MEGA. Dort würden keine Panzer und Gewehre gezeigt, sondern das Volk liefe mit Kompass, UV-Lam-

pen, Kugelschreibern, Klettergeraffel und Stirnlampen an mir vorbei.
Adressen gäbe man nur noch in Koordinaten an.
Die Polizei würde komplett mit Reviewern besetzt und der Geheimdienst bestünde aus SBA-Loggern. Meine Statue aber wäre das Highlight: Mein goldener Körper würde das Navi in der Hand, den Arm in 54.4° gen Himmel richten. Sie würde sich in 11 Stunden und 58 Minuten einmal um sich selbst drehen. Der Arm folgte dabei dem „NAVSTAR 22", dem ältesten der amerikanischen Satelliten.
Und jeder müsste meine Bücher lesen. Auch dieses.

Vielleicht ist das Werk, das DU gerade in der Hand hältst, ja bereits der Anfang einer neuen Zeitrechnung!

Tobi: „Erster!“ ;-)

18 Jahre und ein CITO später ...

Ricarda

Nach dem schlimmen Hochwasser im Juni 2013 stand in Dresden ein CITO an. Da wollte ich gern dabei sein und helfen, wollte einer der Geocacher sein, die bei zahllosen Aufräumaktionen flussauf und flussab die Betroffenen dabei unterstützten, wieder ein wenig Ordnung in ihr Leben zu bekommen.
Der Wecker klingelte sehr früh und die Motivation war dementsprechend gering. Mit Gummistiefeln, Handschuhen und Mückenspray bewaffnet ging es zu den Koordinaten.
Zum Glück hatten sich viele Cacher in den Morgenstunden aufgerafft, um die Elbwiesen vom Müll zu befreien und in der netten Gesellschaft verflog die Morgenmuffeligkeit sehr, sehr schnell.

turbolight

Gefundene Geocaches: 1.234
Geloggte Trackables: 78
Entferntester Fund: GC1HH12 Malia Island (Griechenland)

„Beim Geocachen ist der Weg wirklich das Ziel!“

Mit roten Müllsäcken, sponsored by Stadtreinigung Dresden, ging es los. Unvorstellbar, was eine Flut anrichten und wegspülen kann: unzählige Autoreifen, undefinierbare Chemikalienbehälter, Damenhygieneartikel, eine Schaufensterpuppe (diese hat sogar ein neues Heim gefunden), ein Fußballtor … und eine beachtliche Altersvorsorge an Plastikflaschen.

Und eine dieser Plastikflaschen war mein persönliches Highlight. Schon als ich sie in der Hand hielt, kam sie mir merkwürdig vor. Ich sah sie mir an, drehte sie hin und her. Da war einen kleiner Zettel zu erkennen.

Es war eine Flaschenpost! Mein Mitcacher namens „F-Klasse“ hatte sie gefunden und zum Glück nicht gleich zu den anderen hunderten Plastikflaschen geworfen, die wir an diesem Tag gesammelt haben.
Schnell wurde der Inhalt aus seinem Gefängnis befreit. Die total zerbeulte und blind gewaschene Plastikflasche wurde mit einem Messer aufgeschnitten und der aufgeweichte Papierinhalt auf dem Elbe-Rad-Weg zusammengepuzzelt.

Der Text war sehr schwer zu entziffern, die Schrift ausgeblichen und das Papier nass, aber ohne Zweifel stand da, in einer noch recht kindlichen Schrift verfasst, zu lesen: „Achtung! Achtung! Hilfe! Hilfe!“
Mein Magen krampfte sich zusammen und wir schauten uns alle besorgt an.
Zögernd und doch gespannt, was noch auf dem Zettel steht, las ich weiter – dass der Flaschenpostabsender lediglich nach einer vollen Flasche Cola verlangte, die ihm nach Hause geschickt werden sollte.
Und da war dieser Name zu lesen … Karo … und die Adresse … Mein Hirn fing an zu rattern. Die kennst du doch?!
Nein, das ist unmöglich. Das kann nicht sein. Noch einmal in Ruhe den Brief gelesen.
Doch! Es bestand kein Zweifel. Das musste sie sein. Eine Freundin, zu der ich leider schon eine Weile keinen Kontakt mehr hatte. Über die Jahre hatten wir uns etwas aus den Augen verloren und somit stimmte leider auch ihre Telefonnummer nicht mehr.
Aber zum Glück gibt es das Internet und ihre aktuellen Kontaktdaten waren schnell ausfindig gemacht. Wenig später klingelte es auch schon am anderen Ende der Leitung.
Karo verstand erst gar nicht, was ich von ihr wollte. Ich verstand es ja selbst nicht richtig.
Ich hielt ihren Brief aus der Flaschenpost in der Hand, die sie vor 18 Jahren in Jetřichovice zu Wasser gelassen hatte.

Karo: Damals, 1995 war ich 12 Jahre alt. In meiner Kindheit zeltete ich mit meiner Familie oft in Jetřichovice.
Was fällt einem Kind auf einem Campingplatz ein, durch den ein kleines Bächlein fließt? Richtig, eine Flaschenpost hineinwerfen. Gedacht, getan. Ich schrieb also eine kleine Notiz, mit Namen und Adresse versehen und steckte diese in eine leere Plastik-Cola-Flasche. Man muss betonen, dass es sich nicht um einen Bach, sondern wirklich nur um ein kleines Bächlein handelte, in dem ich die Flaschenpost damals absetzte. Schätzungsweise ein Meter breit und 30 Zentimeter tief. Wie wahrscheinlich ist es wohl, dass es diese Flasche weiter schafft als bis ins nächste Gestrüpp hinter der nächsten „Fluss"-biegung? Naja, als Kind macht man sich darüber natürlich keine großen Gedanken und ist der felsenfesten Überzeugung, dass die Flasche auf jeden Fall in den Händen eines netten Finders landet.
Aber wie es auch bei so vielen anderen Dingen im Leben ist, der feste Glaube der Kindheit schwindet allmählich, Kindheitsträume und Vorhaben werden vergessen, verlieren sich im Laufe der Zeit. In keinster Weise habe ich 2013, 18 Jahre später, 30 Jahre alt, noch an meine damalige Flaschenpost-Aktion gedacht. Selbst wenn es mir eingefallen wäre, so hätte ich doch die Wahrscheinlichkeit eines Fundes für gleich Null befunden. Wenn schon die Eventualität eines Ankommens der Flaschenpost so gering ist, wie wahrscheinlich ist es dann, dass sie jemand findet, den ich kenne? Minus 65 Prozent?
Umso überraschter, ungläubiger und etwas beschämt darüber, dass ich über all die Jahre meine Flaschenpost vergessen hatte, war ich, als an einem Sonntagmorgen im Juni 2013 mein Telefon klingelte und am anderen Ende eine bekannte, wenn auch schon lang nicht mehr gehörte Stimme erklang…

Achtung! Achtung!
Hilfe! Hilfe!
Da ihr diese Flaschenpost gefunden habt, bitten wir euch diese wieder mit Cola zu füllen. Bitte beeilt euch!!!
Wir haben großen Durst!!!!
Bitte schickt die volle Colaflasche an: [illegible] Waltitz
[illegible]str. 17
[illegible] Zwickau
Deutschland/Sachsen
[illegible]
unsere [illegible] Flaschenpost [illegible] zu [illegible]!!
[illegible] Jetrichovice
Kirsten Waltitz
[illegible] Waltitz

Heute, am 25.06.2013, konnte ich die Flaschenpost, verschickt am 02.09.1995 in Jetřichovice/Tschechien, geborgen nach fast 18 Jahren am Dresdner Elbufer, etwas zerfleddert, aber doch noch lesbar, der Absenderin bei einem Treffen in Leipzig zurückgeben. Cola gab's dazu zwar nicht, aber ein Bierchen in Ehren und jede Menge zu erzählen.

ZIRKUS CACHINI
PRÄSENTIERT
DEN UNGLAUBLICHEN
TASCHENLAMPENMANN
AUS DEM WELTRAUM
UND SEINEN
HUND
UND ANDERE ATTRAKTIONEN

Day for night

Bernhard Hoëcker

Schon viel wurde über die Variante des nächtlichen Geocachens berichtet. Bücher sind voll, ganze Almanache verfasst und Multivisions-Schauen nur zu diesem einen Thema sind bald in jeder größeren Stadt zu finden.

Auch ich gehe hin und wieder den Weg durch die Dunkelheit auf der Suche nach kleinen erhellenden Momenten. Zum Glück muss man dafür oft in Spezialgeschäfte, die Ausrüstungsgegenstände mannigfaltiger Art genau für diese Sparte des Cachens bereithalten. Scharen von Cachern werden angelockt wie der Obstteller die Fliegen und Wespen der Umgebung quasi zwingt, ihr wertvolles Leben an diesem einen Ort zu verbringen. Von der einfachen Funzel bis zur LED Lampe mit verschiedenen Helligkeitsabstufungen, UV-fähig, was sonst, ist dort alles zu finden. Reflektoren in rot, weiß, gelb, grün. Photoreaktive Leuchten, Reflektorband und ähnliches Gedöns erfreuen sich immer größerer Beliebtheit und finden reißenden Absatz.

Doch muss das sein? Muss ich mir all diese Dinge kaufen? Muss ich des Nachts durch die Wälder streifen? Brauche ich das fehlende Licht? Ist es nicht die Sonne, die uns Kraft gibt? Ist es nicht der Strahl des Himmelsfeuers, der uns mit Energie versorgt?

Diese Frage stellte ich mir eines Tages, als ich mal wieder mit dem Hund raus wollte.

Ich saß vor dem Rechner und schaute mir auf der örtlichen Hundewiese die möglichen Dosen an. Die meisten dort hatte ich schon erledigt. Ein Tradi hier, ein Multi dort.

Nur dieser eine blieb bisher unbesucht. Es war zwar ein Nachtcache, aber mit dem Hund bis zur Dämmerung zu warten, wäre vor allem für das bis unter die Augenlider angefüllte Tier ein schwieriges Unterfangen gewesen.

Warum den Cache nicht einfach tagsüber suchen... Reflektoren sind ja auch zu sehen, wenn die Sonne sie anstrahlt, natürlich nicht sooo deutlich, aber vom Prinzip doch machbar.
So startete ich im Frühjahr mein Projekt Cachen „Day for night".
Der Multi selbst war recht einfach aufgebaut. Ein Rundkurs aus sechs Stationen, dann der Final. Überall würde man einen Reflektor finden, dort eine Koordinate zur nächsten Station sehen und hier einen Hinweis am Wurzelwerk.
Ich begab mich zum Startpunkt. Der ganze Cache lag in einer Auenlandschaft. Eine langgezogene Landzunge erstreckte sich bis zu einer Flussmündung. Das Ganze ist umgeben von hohen Bäumen, in der Mitte eine Wiese, die Spitze durchgehend bewaldet. Die Reflektoren waren an den Bäumen befestigt, soviel war klar.
Ich fing also an zu suchen.
Auf den ersten Blick war so gar kein Reflektor zu erkennen. Ich stand an den Koordinaten und schaute mich um. Bäume. Ok, viele Bäume und sehr viel Licht.
Ich war umgeben von Stämmen und Ästen. Aber das geübte Auge findet sich zurecht. Ich fokussierte meine Wahrnehmung auf kleine runde weiße Stellen. Und da sah ich ihn auch schon, den ersten Reflektor. Gerade mal 5 Meter von mir entfernt. Ich ging hin und war erfreut, Recht gehabt zu haben. Quasi Reißzwecken mit lichtrückstrahlender Beschichtung. Das würde einfach werden.
Am Boden ein wabenförmiger Pflasterstein, darunter ein Zettel mit Koordinaten.
Weiter ging es zur nächsten Station. Der Hund tollte derweil über die Wiese.
Ich stand inzwischen abseits der Baumgruppen, umgeben von Gras. Wieder schaute ich mich um.
Der Reflektor musste an einem Baum sein, den man von hier aus sehen konnte. Ich versetzte mich in eine Taschenlampe.
Ich WURDE eine Taschenlampe.

Ich schaute mit geradem Blick umher, festigte meinen starren Blick auf einen Fleck an einem Stamm und ging gerade darauf zu. Nichts, nur eine farbige Unregelmäßigkeit der Rinde. Ich suchte weiter, schaute hinter den Stamm, auf den Boden. Dann erinnerte ich mich, dass ich ja eine Taschenlampe war. Deren Strahl bewegt sich ja immer nur gerade und nicht um eine Kurve herum. Also gehört das hinter den Baum schauen wohl zu den sinnlosesten Dingen, die mir einfallen konnten.

Ich lief zurück zu dem Punkt, von wo aus man den Reflektor sehen sollte und strahlte wieder umher.

Systematisch merkte ich mir die Stellen an den Bäumen, die angestrahlt werden würden, stände man an dem Punkt, an dem ich war, und hätte man eine Lampe, die leuchten würde. Ich rannte hin, suchte und ging dorthin wieder zurück, von wo aus ich als Lampe strahlen würde. Ich prägte mir den nächsten Baum und vor allem die Stelle ein, die von hier aus angestrahlt würde und spurtete wieder los. Ein Pilot, der später in der Luft kreisen würde, sähe auf der Fläche, die ich ständig durchmaß, dass ich meine eigenen Spuren ständig kreuzte. Eine fächerförmige Struktur. Er würde es für Zeichen von Außerirdischen halten oder sich fragen, welch heidnische Rituale hier heimlich, verborgen vor den Augen der am Boden laufenden Menschen, abgehalten würden. All das würde er sich fragen, wenn mein Hund nicht ständig mit gerannt wäre und alle klaren Linien zerstört hätte. Zumindest so lange, bis er begriffen hatte, dass der Olle eh wieder zurückkommt und sich ins Gras gelegt hatte.

Mit all diesen Konjunktiven im Kopf begutachtete ich Baum für Baum. Und dann sah ich ihn, den kleinen Reflektor. Er war an einen Baum geheftet, zu dessen Füßen sich ein neuer Hinweis unter solch einem Stein in Form einer Bienenwabe verbarg.

Inzwischen war es spät geworden und der Hund hatte sein Geschäft bereits erledigt. Es wurde dunkel, und da ist es unmöglich einen Nachtcache bei Tag zu suchen. Also Abbruch und ein anderes Mal wiederkommen.

Ein paar Wochen später, das Wetter war schön, die Sonne warm, der Hund voll, ging es wieder auf die Wiese. Nach einer halben Stunde kam ich an meinem zuletzt gefundenen Baumreflektor am Ostufer der Wiese an und ging weiter Richtung Flussmündung. Der Cacheweg würde wohl bis zur Spitze der Halbinsel und wieder zurück führen. Also ein schön gemachter Rundweg. Perfekt. So wie ich das liebe.
Ich hatte nicht so viel Zeit und daher sollte heute nur eine weitere Station gesucht werden. Ich spazierte also zum Wegpunkt und ließ meinen Blick schweifen. Das war jetzt schon schwerer, weil ich in eine größere Ansammlung von Bäumen blickte.
Hier war es sehr aufwendig, alle Stämme in diversen Höhen abzusuchen. So extrapolierte ich mit wissenschaftlicher Akribie und machte eine Vorhersage über die Zukunft, eine Wahrscheinlichkeitsabschätzung dessen, was mir bevorstand. Da bisher alle Koordinaten unter wabenförmigen Betonsteinen versteckt waren, vermutete ich, dass auch hier das nächste laminierte Zettelchen unter einem solchen Betonelement verborgen sein würde.
Beim Absuchen von Baumfüßen würde man auch nicht die dritte Dimension beachten müssen. Wenn das nicht effektiv ist.
So kletterte ich über Baumreste, stapfte durch trockenes Laub, das unter meinen Schritten raschelte, und suchte die Wurzelbereiche ab.
Da das ganze Areal zum Überflutungsgebiet gehört und in dieser Hinsicht seine Aufgabe bereits mehrmals erfüllt hat, waren natürlich überall Anhäufungen von Ästen zu finden, die alles andere als zufällig gestaltet aussahen. Es gab unzählige Hasengrills, alle auf der der Strömung zugewandten Seite der Bäume.
Wäre man ein geologisch unbedarfter Cacher und würde man aus einem Hubschrauber herausgeworfen hier aufschlagen, könnte man meinen, das Cacherparadies schlechthin gefunden zu haben: Den Ort, an dem es keine Abstandsregel gibt... Voller Verlangen würde man sich diesem Ort entgegensehnen - zumindest bis man dann aufschlägt.

Nach unendlich vielen aufgehebelten Hasengrillkonstruktionen lag er dann endlich vor mir und in kürzester Zeit war ein Foto des Hinweises gemacht.
Fürs nächste Mal. An diesem Tag war keine Zeit mehr.
Eine Weile später, die Sommerferien waren nun vorbei, ging es wieder auf ins Naturschutzgebiet. Und wie jedes Mal, wenn ich an dem Schild mit dem grünen Dreieck und dem schwarzen Weißkopfseeadler vorbei ging, dachte ich mir: Wenn ich den Cache nicht finde, dann kriegt der ein SBA.
Der Hund freute sich schon, leben hier doch viele vom Aussterben bedrohte Bodenbrüter, also die perfekte Spielwiese für den caniden Jäger. Auch wenn das im ausgehenden Sommer nahrungsarm für ihn werden würde.
Die Koordinaten, im Fotoalbum des Handys gefunden, führten mich bis vorne an die Landzungenspitze. Nach einer Stunde stand ich da, wo sich zwei Wasserwege zu einem vereinen, wo der Fußweg endet, wo die Cacherunde ihren Wendepunkt hat.
Diesmal war der Hinweis schnell gefunden, ein Reflektorklebeband an einem Signalmast. Laut den darauf geeddingten Ziffern ging es von nun an im großen Bogen über das Westufer wieder zurück.
Hier stand ich nun mitten auf einer Wiese, die bis zum Wasser hinunterführte. Kein Baum in der Nähe, nur Gestrüpp mit dünnen Ästchen.
Verzweiflung stieg in mir auf. Was war hier los?
Da sah ich auf einem am Boden liegenden Baumstamm, ganz nah an der Wasserkante, etwas aufflackern, nur ein kurzes Blitzen. Ich ging näher und erspähte den Reflektor. Er lag am Boden, inmitten von Treibgut. Etwas weiter flussaufwärts lag der Stein an einem abgebrochenen Baumstumpf und ich war heilfroh, die nächste Koordinate gefunden zu haben.
Doch es wurde wieder Zeit zu gehen. Fröhlich pfeifend spazierte ich unter den knorrigen Bäumen entlang. Ab und an schwieg ich und lauschte, ob nicht ein Spotttölpel meinen Ruf erwiderte.

Zwei Monate später war ich wieder in der Aue.
Es war kälter geworden. Eine Jacke war Pflicht und der Wind wehte steif durch die Bäume.
Ich war voller Hoffnung jetzt, heute, endlich den Final zu finden.
Die angekündigten sechs Stationen müsste ich heute mit Waypoint 6 und Final eigentlich fertig bekommen. Ich ging zu meinem heutigen Startpunkt und suchte.
Ich tastete mit meinem Blick jeden Strauch, jeden Ast ab. Ich suchte im Trümmerfeld aus Treibgut am Boden. Nichts.
Ich erinnerte mich daran, dass auf Geocaching-Events gerne mal Lampen gezückt und Reichweiten des Lichtstrahles verglichen wurden. Auch ist mir das Phänomen bekannt, bei gemeinsamen Nachtaktivitäten sich gegenseitig im Photonenschleudern zu überbieten. Heißt: Hat der eine seine Lampe an, haut man mit seiner noch mal eine Schippe Licht drauf. Daraufhin holt Ersterer natürlich seine zweite Lampe, mit noch mehr Leuchtkraft, aus dem Rucksack.
Nun ist der professionelle Technikposer vorbereitet und hat natürlich nur den „Schwachstrahl" benutzt und schaltet die Lampe eine Stufe höher, liegt also wieder vorne. Heerscharen von halbblinden Cachern, aus deren Augenhöhlen noch weißer Rauch aufsteigt, zeugen von diesen Begebenheiten.
Das alles natürlich ohne Worte und ohne sich gegenseitig zu sagen, worum es eigentlich geht. Man benutzt Floskeln wie „Ich schau mal weiter hinten", „War da nicht was?" „Ups, einmal zu weit geschaltet!"
Dass bei einer solchen Flutlichtorgie sämtliche Markierungen unsichtbar werden, weil das gesamte Gelände mehr Licht zurückstrahlt, als das Auge vertragen kann und die Reflektoren teilweise schon von den Bäumen schmelzen, wird geflissentlich übersehen.
Was aber haften bleibt, ist das Wissen, dass die Strahlen der Lampen manches Mal in sehr großer Entfernung reflektiert werden.

Ich wurde wieder Lampe und visierte Bäume in großer Entfernung an. Da ein weißer Punkt. Ich hin. Es war eine Flechte.
Die Erfahrung lehrte mich, besser wieder zurückzukehren.
Ich schaute mich erneut um, kniff die Augen zusammen. Wieder ein weißer Punkt. Hin. Es war wieder ein Flechte.
So langsam fing ich an, mich zu fragen, ob ich mich nicht etwas überschätzt hatte mit dem Versuch, die Kraft der nächtlichen Lichtreduktion aushebeln zu wollen.
Als ich mir die Frage beantwortet hatte war klar: Ja, ich habe versagt. Ich werde nachts zurückkommen müssen.
Zu Hause angekommen schrieb ich dem Owner, ob er vielleicht einen Tipp hätte. Vielleicht würde er mir ja helfen, den Cache doch noch fertig zu machen, den ich seit einem halben Jahr suchte.
Einen Tag später machte es PING und eine Antwort war im Postfach: „Was? Welchen Cache meinst du? Den Nachtcache? Den hab ich vor zwei Wochen zugemacht, war zu viel Aufwand bei dem ganzen Hochwasser. Bye.“

Irgendetwas fehlt immer ...

Conny Stichert

Mit dem Hobby Geocachen ist es wie mit jedem Sport: ein bisschen geht es auch hier um höher, schneller, weiter und wenn ein neuer Cache veröffentlicht wird, stellt sich immer die Frage: Wer ist der erste Finder?

In einigen Regionen ist es für Ottonormalcacher schier nicht möglich, einmal als Erster an einer Dose zu stehen, da sich meist männliche, alleinstehende, kinderlose Cacherkollegen offensichtlich in Outdoorklamotten ins Bett legen. In Erwartung eines möglicherweise nachts veröffentlichten Caches. Das Handy scheinen sie sich mit Pflaster an die Hand geklebt zu haben, und der Zündschlüssel steckt sicherheitshalber schon mal im Auto. Nur auf diese Weise kann es möglich sein in - man höre und staune - 15 Minuten nach dem Publish vor Ort zu sein.

die Sch'tis

Gefundene Geocaches: 1.437
Geloggte Trackables: 646
Entferntester Fund: GC2C78X Seacon Square (Thailand)

„Cachen öffnet unseren Horizont und leert unseren Geldbeutel, aber immer, wirklich immer schlägt unser Herz höher, wenn wir die Dose in den Händen halten.“

In meiner Homezone lebten wir aufgrund eines solchen Nachbarn lange Zeit ein ruhiges, FTF-freies Cacherleben - bis eines Tages ein sogenannter „T5“ auf der Karte erschien…

Übersetzt heißt das: Es wird wohl etwas länger dauern, bis es einen Erstfinder gibt, da dieses anspruchvollste Terrain nur mit Hilfsmitteln wie beispielsweise einer Kletterausrüstung zu bewältigen ist. Für uns bedeutet es in der Regel: Hier kommen wir nicht ran…

Als es bis zum Nachmittag immer noch keinen Logeintrag gab, beschloss ich mir mal anzuschauen, auf welche Astgabel uns der Owner jagen wollte. Im Listing war von ungefähr fünf Metern Höhe die Rede…

Vor Ort stellte ich nun fest, dass man gar keinen Baum bezwingen muss, sondern ein Metallgerüst.
Mitten in diesem Wäldchen steht ein von Büschen umwachsener alter Strommast.

Normalerweise verschaffen mir Höhen immer eine gewisse Enge im Hals. Freunde, die ihre Dosen schon länger auch auf Bäumen suchen, meinten, das ginge mit der Zeit weg. Bei meinen bisherigen wenigen Kletterversuchen an (zwei) Buchen signalisierte mein Magen allerdings jedes Mal - wenn ich an dem schwankenden Seil nach unten sah - durch akute Übelkeit, dass ich hier irgendetwas Blödes tun würde und zwang mich beide Male zum Abstieg…

Hier allerdings sah die Sache erfreulich anders aus. Kein schwingendes Seil, alles „fußläufig" erreichbar - mein FTF-Herz begann heftig zu schlagen!

In meiner roten 3,3kg schweren Manweißniewasmanheutbrauchtdamenhandtasche steckte noch der am Tag zuvor erworbene Klettergurt nebst zwei Bandschlingen.

Schnell zog ich mir das Ding an, schnappte mir die Bandschlingen, das Telefon (falls doch etwas schief geht) und einen Kuli, verstaute die Tasche im Gebüsch und hangelte mich sehr langsam nach oben.

Dass ich Höhen nicht mag, ließ sich mit Aussicht auf einen FTF einigermaßen verdrängen.

Oben angekommen wollte ich mich schon ins Logbuch kritzeln. Zu meiner Überraschung fand ich allerdings neue Koordinaten! Mist! In meiner Begeisterung hatte ich verdrängt, dass es ein Multicache war... Nun gut, einen Zettel hatte ich nicht dabei und so versuchte ich mir die Zahlen auf die Hand zu schreiben. Ein akuter Schweißausbruch verhinderte dies erfolgreich.
So musste ich erst einmal durchatmen und in einer mir langsam bewusst werdenden schwindelerregenden Höhe höchste memorierende Leistungen vollbringen und die Zahlen auswendig lernen. Meine Aufregung ließ den Schwierigkeitsgrad glatt zu einem D4 anschwellen.

Nachdem ich wieder unten war, wollte ich nun doch noch ein Auge auf die nächste Station oder gar den Final werfen. Manchmal hat man ja Glück und die Owner machen sich einen Spaß daraus, die Dose nach so einer Aktion unter einer Baumwurzel zu verstecken.

Nur wenige hundert Meter weiter entdeckte ich dann auch einen einsam stehenden Baum - etwa zwanzig Meter neben einem Radweg und nur fünfzig Meter von einer regelmäßig befahrenen Bahnstrecke entfernt.
Allerdings: mitten in unserem vor einem Jahr gefluteten Rückhaltebecken. Sogar ein Jägerstand lehnte noch am Baum...

Das fand ich nun wirklich gemein! Was wir schon alles in unseren Cache- und Jackentaschen mit uns herum geschleppt haben! Aktuell trug ich ca. 200 g Batterien, Stifte für jede Art Logbuch und Wetter, Pinzetten, Tauschgegenstände für quengelnde Gastcacherkinder, eine Taschenlampe, Klebeband[1], einen Teleskopmagneten und seit gestern einen Klettergurt mit mir herum.

1 von gewissen Geocachern gern genommen zur Abdichtung von Klamotten- und Körperöffnungen!

Ausgerechnet ein Boot fehlte mir natürlich und dass mal ein Badeanzug nötig sein könnte, hatte ich auch nicht bedacht! Anfängerfehler!

Ich setzte mich eine Weile auf die nahe Leitplanke und beobachtete die unzähligen Hundemuggel.

Als ich nach einiger Zeit tatsächlich mal völlig allein war und für die nächste halbe Stunde auch keine DB-Reisenden zu befürchten waren, band ich meine Tasche an der Leitplanke fest, legte alles ab, was möglich war ohne öffentliches Ärgernis zu erregen, klemmte mir einen Kuli an den BH und verschwand schnell wie noch nie im eiskalten Wasser.

Am Jägerstand angekommen, erschloss sich mir auch der verrückte Cachename „Der Bademeister hat einen Vogel“[2]. Tatsächlich hatte hier jemand einen Vogel. Und zwar oben in den Baum geklemmt. Einen schwarzen Kunststoffraben.

Es hieß also, den wackeligen hölzernen Jägerstand zu erklimmen und darauf zu vertrauen, dass das Wasser der Standfestigkeit des Holzes noch nichts genommen hatte.

Vorsichtig suchten meine Füße Halt, wo ich im trüben Wasser die ersten Stufen des Hochsitzes vermutete und versuchte durch rechts und links rütteln herauszubekommen, ob das langsam verwitternde Gestell mich noch trägt oder ich lieber durch die stacheligen Äste des Baumes zur Dose hochkraxeln sollte. Letzteres erschien mir mit nackter, nasser Haut noch unangenehmer und so tastete ich mich lieber Stufe für Stufe nach oben, um auf der letzten festzustellen: ich bin zu kurz für diesen Vogel!

Nun hatte ich wahrlich keine Lust, vierzig Zentimeter vor dem Ziel zu kneifen (außerdem muss der Owner es ja auch überlebt

2 Da der Cache inzwischen archiviert wurde, haben wir mit Zustimmung des Owners den echten Namen verwendet.

Wer ohne Boot zum Cachen geht...

haben), aber ich muss doch zugeben, dass es ein paar Sekunden dauerte, bis ich mich auf die dürren Bretter der Sitzfläche wagte, um mich frei stehend an den Raben heran zu zittern.

Ich hatte Mühe, den Deckel, den Stift und das Logbuch (oder alles zusammen) nicht ins Wasser fallen zu lassen. Als ich endlich die Papierrolle freigewickelt hatte, konnte ich nur Leere entdekken. Jippi - mein erster FTF!!! Und ein T5er noch dazu! „Yeah!" - beinahe hätte ich laut losgelacht. Yabbadabadoo, Tschakkaa, Ey Caramba – diese Papierjubler bei diversen Geocheckern sind flache Hopser gegen meinen inneren Freudentanz! Ich brachte aufgeregt ein etwas unförmiges „die Sch'tis" auf das sich ständig zusammen rollende Papierchen und konnte es immer noch nicht fassen! Ich hockte auf meinem Jubelthron und meine Freude war nur durch den Rückweg zu bremsen.

Inzwischen kamen wieder von allen Seiten Muggel und ich saß als 40-jähriges Mädel in Unterhose und BH auf einem laubarmen Baum inmitten eines Sees… Ich wüsste ja, was ich zu unseren Kindern gesagt hätte, wenn das ihre Spielen-war-heute-toll-Geschichte wäre…

Mit der Zeit frischte der Wind auf und die Muggel schlappten ohne Unterlass durch ihren Feierabend den Radweg entlang.
Zuerst hatte ich den Plan, zu warten bis die Luft beziehungsweise der Radweg rein wäre und ich unbemerkt am Ufer in Jeans und T-Shirt schlüpfen könnte.
Aber es ist nicht zu glauben, was hier um diese Zeit los ist. Ist der Radfahrer vorbei, kommt der Nordicwalker und die Omis mit Hund bleiben auch noch stehen!
Was ich in meinem FTF-Fieber nicht bedacht hatte, ist die Landschaft: Hier gibt es eigentlich nichts - flaches Land, Bahnstrecke, Radweg und weit und breit erhebt sich nur mein Baum im See – ich saß zur Prime Time wie Marietta Slomka im heute-journal und jeder starrte zu mir herüber – ich lächelte tapfer zurück.

Mir blieb keine Wahl, irgendwann musste ich hier runter und ans Ufer schwimmen.

Sofort steuerte ein Ehepaar mit Hunden auf mich zu und fragte, ob ich da etwas gesucht hätte.
Es stellte sich heraus, dass es ebenfalls Cacher waren, die mich aus der Ferne schon eine Weile beobachtet hatten - so hatte ich - wenn schon keine der sonst üblichen Kletterfotobeweise - immerhin vier Zeugen und ordentlich was zu lachen.
Zufrieden über meinen ersten FTF, mit nassem Po und im Wet-T-Shirt gings dann zurück in den Wald und zum Auto.
Die Sitzheizung hab ich mal ausgelassen, sonst hätte ich vielleicht noch den Jungs zu Hause einen Kurzschluss erklären müssen.

P.S.: Selbstverständlich besitzen wir inzwischen auch ein Schlauchboot!

ICH BIN JA NUR NOCH PAPERLESS UNTERWEGS. DA HAB ICH NICHT SO VIEL GERAFFEL IN DER HAND.

Fünf Tage am Hindukusch

Tobias Zimmermann

Allen öffentlichen Dementi zum Trotz: ja, Bernhard, Renate und ich sind Statistikcacher! Wir lieben es nämlich, unsere Länderpunktstatistik aufzumöbeln und immer mehr Flecken auf der verknüpften Weltkarte in möglichst satten Farben erstrahlen zu lassen. Nachdem die europäischen Nachbarländer meist als Beifang zu unseren Dienstreisen durch einen strategisch-schnellen Grenzübertritt allesamt erledigt wurden, zogen die Radien unserer Eroberungen immer weitere Kreise.

Vor allem das gemeinsam geloggte Duo Usbekistan und Afghanistan schmeichelt unserem Cacher-Ego. Diese Länderpunkte lassen sich nicht mal eben nebenbei erledigen, wie man sonst mit einem Besuch des Outletcenters in Eindhoven oder einem pappigen Flammkuchen im Elsass gleich halb Westeuropa abgefrühstückt hat.

Es sei denn man ist ein Teil der Streitkräfte, die sich mehr oder weniger unfreiwillig am Hindukusch von Extremisten beschießen lassen müssen. Für Bernhard und mich als Freunde eines selbstbestimmten und möglichst gewaltfreien Lebens, schied in den 1990er Jahren eine Teilnahme an den Schlammbad-Seminaren der Bundeswehr aus. Für Renate sowieso. Die Uniform der weiblichen Bundeswehrangestellten bestand bis zu dieser Zeit sowieso allerhöchstens aus Sanitäterkitteln oder Küchenschürzen.

Trotz aller Diskussionen, ob die eigene Armee tatsächlich unser Mutter- und Vaterland kurz vor China verteidigen muss, oder ob eine pazifistische Neigung vielleicht doch besser die Leben vieler Menschen erhalten kann, blieb eines immer vorhanden: ein diffuses Bild des Lebens der Soldaten im Kampfeinsatz. Was bedeutet es für den einzelnen, im feindlichen Kugelhagel fernab der Heimat mit dem Finger am Abzug angeblich unser Land zu verteidigen?

Das eigenwillige aber funktionale Interior Design einer Transall.

Um das zu erfahren kann man Artikel und Bücher lesen und möglichst realistische Filme anschauen. Oder man schafft es, in das Kriegsgebiet zu reisen und die Soldaten zu besuchen, die die politischen Entscheidungen unter Einsatz ihres Lebens umsetzen müssen. Letztere Möglichkeit bot sich mit einer Einladung der Bundeswehr an Bernhard. Er wurde gefragt, ob er sich vorstellen könne, mit seinem Team die Truppen vor Ort zu besuchen, mit den Soldaten zu reden und sie mit seinem Bühnenprogramm zu unterhalten. Durch dieses ehrenamtliche Engagement würde ein Stück Heimat in den fernen und gefährlichen Alltag transportiert.
Ich kann nicht verleugnen, dass bei unserer internen Diskussion zu diesem Angebot, neben den vorangehenden Gedanken über das Für und Wider dieses Krieges und die mentale Unterstützung der Soldaten, auch die Hirnregion für Neugierde und Abenteuerlust direkt ein gutes Pfund Adrenalin ins Sprachzentrum pumpte und binnen Sekunden ein einmütiges „Ja, klar!" sprachlich und schriftlich formuliert war. Das Rückenmark hatte - natürlich ohne der Ratio Bescheid zu geben - sofort registriert, dass bei dieser Aktion ein paar besondere Länderpunkte abzugreifen wären.
Die erste Annäherung von staatlicher Exekutive und Bernhards Bühnenhumor hatte sich bereits 2006 im Kosovo ereignet. Zu

dieser Zeit war die Gefahrenlage für alle Beteiligten dort allerdings wesentlich überschaubarer. Laut eines polemischen Kommentars eines flecktarnberockten Küchensoldaten ging es bei den unblutig inszenierten Scharmützeln einiger Kosovaren darum, die NATO-Truppen ein wenig zu beschäftigen. Nur so würden die Soldaten noch möglichst lange im Land bleiben und damit Jobs und Absatzmarkt der einheimischen Bevölkerung sichern. Schließlich sind einige Tausend Soldaten im Land auch ein nicht unerheblicher Wirtschaftsfaktor. Dieser Auslandseinsatz-Light war dann unsere erste Erfahrung IN der Truppe. Die Freude der einladenden Soldaten über die Zusage von Bernhard hätten sie auch direkt an den Owner der Dose weiterleiten können, die direkt vor dem damaligen Hauptquartier der KFOR-Truppen versteckt war.

Schon der Flug in der Transall auf dem Weg von Bayern in den Kosovo war ein Erlebnis. In diesem Fluggerät fliegt man in Sitzhängematten quer zur Flugrichtung, so dass man bei Start und Landung die Möglichkeit bekommt, jeweils verschiedene Achselhöhlen der Mitflieger zu beschnuppern. Die Inneneinrichtung ist gewollt puristisch. Auf Fenster, Verkleidungen und ähnlichen Schnickschnack wird komplett verzichtet, sitzt man doch als Teil der Fracht in eben dessen Raum. Die charmante Stewardess verkündete uns in Form eines 2,40 m großen und ebenso breiten Soldaten die Sicherheitshinweise. Er stieg dazu auf eine Stehleiter und brüllte seine spärlichen Anweisungen gegen die zwei bereits gestarteten Propeller. Anschnallen wäre super und irgendwo in der Nähe des Hängesitzes gäbe es so eine Art Kulturbeutel mit dem Nötigsten drin. Sauerstoffmaske und sowas. Die meiste Zeit des Fluges verbrachte ich dann damit, meine Sensoren für den Füllstand von Blase und Darm mental zu deaktivieren, denn die Bordtoilette besteht in einer Transall aus einer Art schmalem Einbauregal und ist von der restlichen nicht vorhandenen Wandverkleidung kaum zu unterscheiden. Das Auffangbehältnis für die großen Sachen, die aus den grünen Jungs plumpsen, ist mit einem handelsüblichen blauen Müllsack ausgekleidet. Abgepumpt wird da wohl nichts. An die Privatsphäre des sich entleerenden Soldaten ist selbstverständlich auch gedacht. Vor das an die Bordwand gelehnte Klo-Dings ist ein Vorhang installiert, der dann nur noch zugezogen werden muss, und schon ist man für sich ... hinter einem Plastikvorhang, auf einem Brett, über einem Müllsack, vor allen Mitreisenden.

Bei der Ankunft in Pristina teilten sich die Wege von Mensch und Material. Gepäck und Technik für den Auftritt wurden mit dem LKW über einen Pass chauffiert, während wir Menschen den Weg ins Feldlager der KFOR-Truppen per Hubschrauber unternahmen.

Und solch ein Helikopter ist als Cachemobil wegen seiner Flexibilität nicht zu unterschätzen! Uns war ja von vorne herein bewusst, dass dieses Feldlager nicht nur mit einer funktionierenden militärischen Infrastruktur versehen war, sondern auch mit einer Keksdose, die mitten vor dem fernsehbekannten Hauptquartier mit einem selten besuchten Logbuch auf uns wartete.

Wir wurden sehr freundlich von den stationierten Soldaten dort empfangen und sogleich per Rundgang durch das Lager geführt. Dabei versuchte Bernhard die betreuenden Offiziere mit einem Gespräch abzulenken, während ich mein GPS-Gerät in der Hosentasche animierte zu starten und es gerade so weit hervor schauen ließ, dass es ein paar wenige Satelliten würde empfangen können. Aber ich war nicht vorsichtig genug, denn ein Verantwortlicher des Truppenbetreuungsprogramms, der für uns zuständig war, hatte das Gerät gleich erkannt. Und wie es sich unter Männern gehört, wurde mein kleiner Freund gleich mit einem mitgeführten Hand-GPS Empfänger der Bundeswehr verglichen, den einer der Offiziere zufällig am Mann hatte. Die Navigation mittels satellitengestützter Signale ist ja mitnichten eine Domäne von Plastikdosensuchern und Papierlandkartenverweigerern, sondern wird so ganz nebenbei auch militärisch genutzt. Schließlich hat die US-Navy die Navigiererei mit künst-

Die Ansprüche an die Flexibilität des Cachemobils steigen stetig!

lichen Erdtrabanten ja auch erfinden lassen. Interessanterweise hatten die grünen Kollegen zwar den Dickeren, aber dafür waren sie optisch nicht so auf der Höhe wie ich mit meinem Kleinen, denn ihre Geräte verfügten über keinerlei Kartendarstellung. Auch wenn sie wesentlich präziser den Standort bestimmen konnten, so war das Interesse und vielleicht ein kleines Stückchen Neid nicht zu leugnen, als sich die bewaffneten Betreuer um uns herum der Übersichtlichkeit bewusst wurden, wenn der Standort mit topographischen Elementen und nicht nur mit ewig langen Zahlen dargestellt werden kann.
Nachdem wir bei unserem Rundgang durch die verschiedenen Einheiten vielen Berichten gelauscht und unzählige Hände geschüttelt hatten, kamen wir dann auch endlich zum Hauptquartier des Stützpunktes. Unser Interesse für weitere Details des Einsatzes wich augenblicklich einem bestimmten Ton. Mein GPS-Empfänger meldete die Dose in einer Entfernung von wenigen Metern zum Hauptportal des Gebäudes. Nach kurzer erfolgreicher Stocherei unter einem nicht gerade unauffälligen Container zauberte Bernhard die metallene Keksdose aus ihrem Versteck heraus. Ohne mich in Untertreibung zu üben, kann ich sagen, dass der mittlerweile angewachsene Tross an Soldaten um uns herum äußerst verwundert war, dass bei allen Sicherheitsvorkehrungen ein Gegenstand, in Form und Größe einer handelsüblichen Landmine ähnelnd, so unbemerkt vor der Tür versteckt sein konnte. Die Ungefährlichkeit des Gegenstandes konnten wir dann relativ schnell nachweisen, da Notizbücher, Lillifee-Aufkleber und Schlümpfe selbst an amerikanischen Flughäfen noch nicht als gefährliche Objekte eingestuft worden sind. Lasst mich hier einen Absatz machen, bevor ich schreibe:

Länderpunktstatistik: +1

Den Hinweis des Owners, man möge aufpassen, denn es wäre sehr schwierig, als Zivilist an den georgischen Wachsoldaten vorbei ins Feldlager zu kommen, erwiderten wir in unseren Logs mit: „We did it by Heli." Diese Arroganz wird wahrscheinlich irgendwann mit einer Plastikallergie und ausgeprägter Nord-Süd-Schwäche bestraft.

Weitestgehend ungewohnt gestaltete sich dann der Auftritt von Bernhard am Abend. Die Bühne bestand aus einem Tieflader in typisch dunkelgrüner Lackierung, der obenrum liebevoll mit Tarnnetzen dekoriert war. Die Bühnenbeleuchtung wurde in Form von ziemlich großen Flutern von den Pionieren gestellt. Es war also nicht ganz so schummrig wie in einem normalen Theater, eher so wie auf dem Vorfeld des Flughafens Amsterdam-Schiphol.

Allerdings unterscheidet sich der Soldat im Auslandseinsatz am Feierabend nur geringfügig von seinem Arbeitsalltag. Einziges Unterscheidungsmerkmal sind die beiden Dosen Bier, die jedem Landesverteidiger in der Freizeit gegönnt werden. Was bleibt sind die Klamotten und die ständige Bewaffnung. Was bedeutete, dass Bernhard dort in die erwartungsvollen Gesichter einiger hundert Menschen schaute, die in der Hand ein alkoholisches Kaltgetränk und zumeist auf dem Rücken eine automatische Schusswaffe

Selten fühlte ich mich bei einem Auftritt so sicher...

trugen. Bernhard hat sich an diesem Abend ziemlich viel Mühe gegeben, sein Publikum zu erheitern ... Als ich mich beim nachfolgenden Signierstündchen durch die Menge der Anstehenden zu Bernhard durchdrängeln musste, um ihm seinen Filzschreiber zuzuführen, klapperten die Waffen rhythmisch im Gedrängel und ständig piekste mir der Lauf eines Gewehrs in der Nase.

Weitaus mehr Anspannung war zu spüren, als wir vier Jahre später wieder eine Einladung zu einem Truppenbesuch bekamen. Doch diesmal sollte das Ziel Afghanistan sein. Da die meisten Künstler im zentralen Stützpunkt der Alliierten in Masar-e Sharif auftraten, entstand die Idee, den Künstler im Feldlager in Kunduz im Norden Afghanistans spielen zu lassen. Dorthin würden nur wenige zivile Gäste der Bundeswehr kommen, da die Gefahrenlage deutlich höher sei als an den anderen Standorten, und deswegen sei die Freude der dort dienenden Soldaten über etwas Abwechslung ungleich größer.
Die Diskussionen, die wir deswegen untereinander und mit Freunden und Verwandten führten, gestalteten sich in diesem Fall schon wesentlich schwieriger. Das lag vor allem darin begründet, dass um das Lager herum nicht nur gemütlich herum patrouilliert wird, sondern regelmäßig ernsthafte Gefechte stattfinden und oft Verwundete und Opfer zu beklagen sind. Das eigentliche Ziel des Einsatzes, der Wiederaufbau und die Stärkung der Bevölkerung im Kampf gegen die Taliban, war zu dem Zeitpunkt schon längst in den Hintergrund getreten. Jeder Schritt in die richtige Richtung war von herben Rückschlägen und blutigen Angriffen auf die ausländischen Truppen begleitet, so dass der Sinn und Zweck der verlustreichen Präsenz der alliierten Truppen in der Region generell in Frage gestellt werden muss. Trotzdem waren wir der Meinung, dass den Soldaten, die an der politischen Entscheidung außer einem Kreuz auf dem Wahlzettel nicht viel Mitspracherecht erhalten hatten, etwas Unterhaltung durchaus zu gönnen war. Während wir uns in den politischen „Fürs“ und

„Widers“ verstrickten, muss jemand unbemerkt auf dem 27 Zoll Monitor im Büro, in dem wir uns getroffen hatten, die passende Geocachingkarte geöffnet haben. Im Feldlager der Deutschen in Kunduz gab es mehrere aktive Geocaches.
Die Entscheidung war schnell gefallen. Eine kurze Durchsicht der betreffenden Logs offenbarte auch direkt, dass es eine ganze Menge Uniformierter vor Ort geben musste, die sich ihre Freizeit mit dem Suchen von Plastikdosen vertrieben.
Aufgrund der Gefahrenlage wollte man uns aber nur einen Tag und somit nicht länger als nötig in Kunduz beherbergen. Insgesamt vier Tage müssten wir auf dem Flugumschlagplatz Termez in Usbekistan verbringen. Hier wurden die Truppen aus Deutschland eingeflogen und dann über Afghanistan verteilt. Sofort fanden wir heraus, dass auch dort ein Cache versteckt worden und just zum Zeitpunkt unserer Anwesenheit ein Geocaching-Event angesetzt war, welchem wir natürlich beizuwohnen gedachten. Unser Aktionsradius sollte durch die sorgsame Beaufsichtigung sowieso äußerst eingeschränkt sein. Mehr als ein Blick über die Mauer konnten wir von den beiden Ländern nicht erhaschen. Was natürlich sehr schade ist, aber im Falle von Kunduz wahrscheinlich auch besser, zumal es dort letale Folgen haben kann, wenn man die falsche Dose am Wegesrand öffnet. Das ist kein lustiges Jack-in-the-Box Spiel mehr, sondern zumeist tödlicher Ernst. Die Taliban nutzen in vielen Fällen keine professionellen Waffen für ihre mörderischen Anschläge, sondern mit viel kranker Kreativität selbstgebastelte Sprengfallen, um den nicht minder perfiden Waffen der hochtechnisierten alliierten Armee entgegenzutreten.

Der Flug im Großraumjet der Luftwaffe von Deutschland nach Usbekistan war in Sachen Reisekomfort fast mit einem normalen Linienflug vergleichbar. Lediglich das Interieur war in dezentem Mausgraublau gehalten und die versprochene Stewardess wieder ein ausgewachsener Soldat im unvorteilhaften Overall.

Der Aufenthalt in Termez gestaltete sich dann von den Umständen her sehr angenehm. Wir warteten erst zwei Tage auf unseren Weiterflug nach Masar-e Sharif, wo wir nach kurzem Zwischenstopp weiter nach Kunduz geflogen werden sollten. Nach der Rückkehr aus Kunduz warteten wir wieder zwei Tage auf den Heimflug nach Deutschland. Die Zeit vertrieben wir uns mit diversen Gesprächen, die zumeist in der örtlichen Betreuungseinrichtung stattfanden. Auch wenn dieses Wort nach Betüddelung seniler Senioren klingt, stehen die Räumlichkeiten einer gemütlichen Bar in fast nichts nach. Nach einem ersten Kickerturnier gab es bereits gemischte Teams aus Soldaten und uns Zivilisten. Anschließend luden wir uns nicht nur gegenseitig zu einem Trostbier ein und diskutierten den Spielverlauf, sondern hörten viel über die Erfahrungen der Menschen, die im Stützpunkt lebten oder auf der Durchreise von und nach Afghanistan waren.

Der einzige Cache innerhalb der Mauern des Flughafenlagers war außerdem in eben dieser Gaststätte oberhalb des Tresens versteckt, so dass wir während unserer längeren Aufenthalte immer ein Auge auf das Zielobjekt hatten, um noch weitere Geocacher unter den Uniformierten zu identifizieren.

Die improvisierte Behaglichkeit der „Betreuungsbars" war uns übrigens schon im Kosovo aufgefallen. Da der überwiegende Teil eines solchen Stützpunkts vor allem unter den Gesichtspunkten Funktionalität und Kosteneffizienz designt worden ist und es wenig Privatsphäre für den einzelnen Soldaten gibt, sollen die Betreuungseinrichtungen ein Gefühl von heimatlicher Gemütlichkeit vermitteln. Mit Tarnnetzen, Lichterketten und viel aus Holz gezimmertem Inventar fühlt man sich manchmal wie in einem Partykeller der ausgehenden 1970er Jahre. Meist wimmelt es von Wimpeln und anderen regionalen Erkennungszeichen, deren Herkunft wiederum breit gestreut ist. In Termez gab es nun noch die Besonderheit, dass aufgrund der großen trockenen Hitze im Sommer und der vielen entflammbaren Bauten eine Vielzahl von Löschwasserbecken vorhanden sein mussten. Amüsiert beobachteten wir direkt beim ersten Rundgang, dass sich die ein oder andere Poolnudel in die im Winter sogar beheizten Becken verirrt hatte ...

Um uns und unsere Bespaßungsausrüstung von Termez nach Kunduz zu bekommen, hatten wir wieder wie im Jahr 2006 ein paar Pritschen in einer Transall reserviert bekommen. Da wir zwangsläufig über umkämpftes Gebiet zu fliegen hatten und auch gerade die Nähe des Flugplatzes in Kunduz eine magische Anziehungskraft auf alle ausübte, die vorhatten ein Flugzeug zu beschießen, wurden wir ausgiebig in die Sicherheitseinrichtungen eines solchen Flugzeugs eingewiesen. In dieser Situation hatte der Einweiser sogar unsere vollste Aufmerksamkeit. Bernhard scharwenzelte sogar so lange um die Crew herum, dass er auf einem der Flüge im Cockpit auf dem Kindersitz Platz nehmen durfte, um den Flug von dort aus zu verfolgen. Neben allerlei technischen Hilfsmitteln, um einen Beschuss abwehren oder aushalten zu können, bieten da auch die rustikalen Flugeigenschaften dieses fliegenden Nilpferds einige Möglichkeiten. Wir wurden dezent darauf hingewiesen, dass alle Landungen im Krisengebiet mittels Sarajevo-Approach durchgeführt wurden. Dieser Begriff klang

Gruppenfoto VOR dem Sarajevo-Approach – danach entsprach unsere Gesichtsfarbe dem Anstrich des Flugzeugs.

nicht gerade nach „Machen Sie es sich bequem und genießen Sie Flug und Landung!". Das Grundprinzip ist einfach: der Pilot hält das Flugzeug möglichst lange möglichst hoch in der Luft und versucht, die Phase des Sink- und Landeanflugs so kurz wie möglich zu halten. Als Laie bin ich geneigt, dies als hoffentlich kontrollierten Sturzflug zu bezeichnen. Wir sollten uns aber keine Sorgen machen, das Flugzeug wäre so robust, das hielte solche Manöver locker aus, allerdings meist die Mägen der Mitreisenden nicht. Wir sollten auf ein Frühstück vor dem Flug verzichten, falls wir es nicht in einer Plastiktüte einer Zweitverwertung zuführen wollten. Würde es während des Fluges um das Flugzeug herum kleine explosionsartige Geräusche geben, sollten wir uns auch nicht in die Buxe machen, das seien nur die Abwehrmaßnahmen, die feindliche Raketen in die Irre führen sollten. Meist würden die Taliban aber mit „normalen" Waffen auf die Flugzeuge schießen und damit sei es sehr schwierig, diesem robusten Vogel ernsthaft zu Leibe zu rücken. Da lob ich mir das einlullende Geschwafel eines Linienflugkapitäns. Bevor man davon Angst bekommt, ist man meist schon in der dritten Traumphase angekommen.

Direkt nach der Landung wurde deutlich, dass sich ein Flughafen in Afghanistan wesentlich von seinen Pendants in friedlicheren Ländern unterscheidet. Neben dem Rollfeld fanden sich zahlreiche Hubschrauber und Flugzeuge, die überwiegend zu russischer Besatzungszeit den Weg aus der Luft zurück auf die Erde nicht in einem Stück überstanden hatten. Durch die Flughafenbaracke, die als Einreise- und Abfertigungsort für die Passagiere diente, wurden wir schnell hindurch geschleust, nachdem wir dort erst einmal mit ziemlich schweren schusssicheren Westen und Stahlhelmen ausgestattet worden waren. Dann wurden wir in einem Konvoi aus gepanzerten Militärfahrzeugen den kurzen Weg direkt ins Feldlager der deutschen Soldaten chauffiert. Die Vegetation war vielleicht etwas trockener und knorriger als in Mitteleuropa, aber das Gefühl der Fremdartigkeit kam hier vor allem über die offensichtliche militärische Bedrohungslage zustande. Man merkte es den Soldaten an, dass sie hier nicht aus Pflicht und Gewohnheit kiloweise Schutzkleidung und Waffen mit sich herum trugen, sondern sich bewusst waren, dass es nicht unwahrscheinlich war, dass diese auch benutzt würden.

Wir haben auf unseren Cacheausflügen und kleinen Outdoor-Abenteuerchen ja schon diverse Gefahrensituationen gemeistert, aber dieser Ausflug an den Hindukusch erzeugte das definitiv mulmigste Gefühl von allen. Dabei war es nicht die akute Bedrohungslage innerhalb der Stützpunkte. In der Vergangenheit baumelten wir in großen Höhen an diversen Vorrichtungen, steckten tief unter der Erde in einsamen felsigen Furchen und sind mit alten Autos vom Allgäu in den Orient geeiert. Das waren alles Aktionen, bei denen eine schnelle Rettung im Bedarfsfall ausgeschlossen war. Hier in Afghanistan hatten wir genug spezialisiertes Personal um uns herum und waren doch irgendwie befangen. Obwohl wir alle seit unserer Kindheit mit Kriegsfilmen und Geschichten verschiedenster Authentizität überschüttet worden sind, ist der Job der Soldaten in Afghanistan vom eigenen Leben vollkommen entfremdet. Was bis in die 1990er Jahre noch undenkbar war ist heute Realität: gut möglich, dass man abends in der Fußballkneipe neben jemandem sitzt, der auf dem benachbarten Barhocker seine Freizeit von der Bundeswehr verbringt. Auf die bierselige Nachfragefloskel über seine Arbeitsstelle erfährt man dann, dass sein beruflicher Alltag durchaus darin bestehen kann, sich weit weg von Zuhause unter Todesangst beschießen zu lassen, um daraufhin möglichst vielen Angreifern das Leben zu nehmen, als Schutz für das eigene und das der Kameraden.

Trotz aller Belastungen, die aber nach außen hin äußerst professionell abgewickelt schienen, gab man sich alle Mühe, uns den Aufenthalt so angenehm wie möglich zu gestalten.

Empfangen wurden wir in dem einer Festung gleichen Lager in einer fast schon gemütlichen bretterbudigen Betreuungseinrichtung, deren kneipige Innenraumgestaltung an irgendwas zwischen Jugendzentrum und Dorfdisco erinnerte. Auch wenn hier eine Abneigung gegen ländliche Tanztempel mitschwingen sollte, ich hätte so etwas nie im Feldlager in Kunduz vermutet und fühlte mich hier direkt ein bisschen wohler.

Der uns zur Seite gestellte Betreuungsoffizier versorgte uns mit vielen Informationen und versuchte uns ein Gefühl der Normalität zu vermitteln. Nach einer Weile musste ich mich verabschieden, um die Technik für Bernhards abendlichen Auftritt vorzubereiten. Renate und Bernhard verabschiedeten sich ebenfalls und gingen ... cachen!

Der Begriff Feldlager impliziert vielleicht das Bild eines größeren Campingplatzes, natürlich der Region entsprechend in Sandfarben und Olivgrün und mit langen Reihen aus großen Mannschaftszelten mit einem Exerzierplatz in der Mitte. Vielleicht pfuschen sich auch die Erinnerungen über die römischen Lager aus einem der Asterix-Hefte in die diffuse Vorstellung hinein. Die militärische Wirklichkeit sieht anders aus. Über die genaue Größe des Areals kann ich im Nachhinein nur spekulieren, aber es haben mehrere Tausend Menschen dort gelebt und gearbeitet. Viele der Unterkünfte und der funktionalen Bauten waren gemauert und boten so auch einen Schutz gegen Raketenbeschuss. Das Krankenhaus war in der Lage, auch komplizierte und leider häufig vorkommende Schussverletzungen operativ zu behandeln und die hochmoderne Kantine musste in wenigen Stunden hunderte Soldaten mit qualitativ gutem Essen versorgen. Der Stromverbrauch war in etwa genauso hoch, wie der von ganz Kunduz, der Provinzhauptstadt der gleichnamigen Region. Auf- und Ausbau dieses Stützpunktes für den „Regionalen Wiederaufbau", so die offizielle Bezeichnung, hat den deutschen Steuerzahler laut verschiedener Presseberichte ungefähr 250 Millionen Euro gekostet.

Während sich also Renate und Bernhard die ersten von sechs Dosen im Lager vornahmen, inspizierte ich die Bühne für die Show am Abend. Ich war natürlich sehr in Eile, da ich mir selbstverständlich diese Länderpunkt-Gelegenheit nicht entgehen lassen wollte. Die Bühne war in diesem Fall eine von den Pionieren gezimmerte und überdachte Holzkonstruktion. Bei hemdsärmeligen Temperaturen und der zu erwartenden staubigsternenklaren Nacht, hatte man sich für eine Open Air Veranstaltung entschieden. An helfenden Händen mangelte es nicht, da mir solche in ausreichender Zahl per Befehl vom Betreuungsoffizier an die Seite delegiert wurden. Das hätte ich mir als überzeugter Ex-Zivildienstleistender auch nicht träumen lassen, einmal die Gelegenheit zu bekommen, kurzzeitig den Befehl über eine Handvoll Soldaten - wenn auch niederen Ranges - zu erhalten. Allerdings war ich versucht, meine neue Macht nicht zu missbrauchen und schlug einen freundschaftlich kollegialen Ton an. Die Aufgaben waren überschaubar und so befahl ich, die beiden Lautsprecher und die Flutlichter irgendwie an die Bühne zu schlörren, und setzte zu einem raschen Soundcheck an. Um die Boxen auf ihre Funktion, Klang und Potenz zu überprüfen ist es üblich, eine dem Techniker bekannte Musik abzuspielen, von der er weiß, wie sie zu klingen hat. Ich hatte nur das neueste Werk von der international viel zu wenig beachteten Off-Beat Band „Lax Alex Contrax“[1] dabei und skippte fröhlich durch die Tracks. Als ich kurz Renate und Bernhard hinter einer Mauer umherschleichen sah und mich flux in der Erwartung eines schnellen Dosenfunds dazugesellte, wechselte der CD-Player gewohnheitsmäßig zum nächsten Song auf der eingelegten CD: Track 8 „Explodieren“. Und noch bevor ich mir Gedanken über die hier brisante Textdichtung machen konnte, schallte der Refrain „... um mich herum soll wegen mir alles explodier‘n!“ in beeindruckender Lautstärke aus den Boxen. Dass der Text nicht im Entferntesten etwas mit der Situation hier vor Ort zu tun hatte, konnte ich denen, die mich böse anstarrten, nicht erklären. Das waren einfach zu viele Soldaten, die das mit angehört hatten. Mir war das ausgesprochen unangenehm und ich stürmte zurück zum Mischpult, um etwas weniger provokatives auszuwählen: die STOP Taste.

Als ich meine Vorbereitungen mit weniger verfänglichen Textpassagen beendet hatte, traf ich auf dem Weg in unsere Lagerstätte meine beiden Mitreisenden wieder. Bis auf zwei Caches hatten sie alle anderen bereits gefunden und sich im Logbuch verewigt. Ich verzichtete auf den Vorwurf der Unkollegialität[2] und freute mich auf die beiden verbleibenden Traditionals und das Event, welches in einer anderen „Bar“ nach Showende stattfinden sollte. Eine der versteckten Dosen lag wohl an der Abschussrampe der Überwachungsdrohne, die allnächtlich auf ihren Weg in die Region geschossen wurde. Bereits als der freundliche Bundi-Concierge uns dabei behilflich war, unsere Räumlichkeiten für die Nacht zu

1 Bernhard: Hier handelt es sich um eine Ska-Band, die sehr unterhaltsame Musik macht. Tobi ist daran nicht ganz unbeteiligt, er bedient die Tasten des Keyboards. Ich nutze sie gerne als Pausenmusik für meine Auftritte, weil sie einfach gute Laune verbreitet und vielleicht den ein oder anderen Käufer findet. Dass er hier allerdings recht plump Schleichwerbung unterbringt, entsetzt mich zutiefst. Um dem Einhalt zu gebieten, bitte ich alle, sich endlich eine CD von denen zu kaufen, damit ich Ruhe hab.

2 Bernhard: Lieber Tobi, hier fehlt der Rest des Satzes: „...um ihn ein paar Jahre später in einer gedruckten Veröffentlichung wieder auszugraben!“

beziehen, wurden wir dezent darauf hingewiesen, dass wir uns nicht erschrecken sollten, wenn es mitten in der Nacht richtig laut knallen würde. Das wäre wahrscheinlich keine der talibanesischen Raketen, sondern der Start der Drohne. Raketen wären erst zwei Wochen vorher anlässlich der Wahlen in Afghanistan zahlreich in und um das Lager eingeschlagen, weswegen die Gegner im Moment wohl mit dieser Art Beschuss wieder pausieren würden. Sie hätten aber sowieso nicht viel ausrichten können und es wäre außer Material nichts beschädigt worden. Was hier beruhigend wirken sollte, führte in der Nacht dazu, dass ich im Halbschlaf beim Wahrnehmen des erwarteten lauten Knalls erst einmal Schiss bekam und nach meinen Schuhen fingerte, um nicht barfüßig vor die Baracke laufen zu müssen. Außerdem sollte es hier enorm große und bestachelte Spinnen geben. Der Gedanke unbeschuht auf ein solches Exemplar zu treten, versetzte mich fast noch mehr in Angst und Schrecken als dieses explosive Bedrohungsszenario.

Gegen alle Angriffe, die nicht ferngelenkt durch die Luft, sondern persönlich hätten erfolgen können, fühlten wir uns allerdings gut gewappnet. Sichtbar waren unzählige Kamera- und andere Über-

Afghanistan +1! Man beachte auch: die Cacherin von Welt hat immer die passende Hand(kampf)tasche für jede Gelegenheit.

wachungssysteme, die vermutlich auch bei völliger Dunkelheit die Anzahl der Nasenhaare eines ungebetenen Zaungastes hätten ermitteln können. Und bewaffnetes Personal zu unserer Verteidigung war offensichtlich auch in großer Zahl vorhanden. Gerade aber wegen dieser Beobachtungsapparate fiel es nicht leicht, an Geländern, Treppen und sonstigen Dingen herum zu fingern, weil wir dort einen Cache vermuteten.
Wer kennt nicht das Gefühl, beim konspirativen Tradi in der Innenstadt unentwegt von einem Heer von Muggeln beobachtet und überwacht zu werden. Auch wenn diese in Wirklichkeit nur Schaufensterscheiben an oder Löcher in die Luft starren. Bei einem Auslandscacheeinsatz wie dem unseren hat das noch eine andere Qualität. Wir gehörten zu den wenigen Zivilisten im Lager und waren somit schon aufgrund unserer Bekleidung wesentlich auffälliger als alle anderen um uns herum, die sich lediglich durch ihre Stickereien auf der Schulter unterschieden. Wenn man nun in einem Lager, dessen Bewohner sich vor Anschlägen fürchten und diese mit einer Vielzahl an Sicherheitsmaßnahmen zu verhindern versuchen, kleine dosenförmige Gegenstände sucht, die einem hier üblichen terroristischen Sprengsatz Marke Eigenbau nicht unähnlich sehen, dann braucht man nicht nur etwas Mut, sondern ganz gewiss eine große Portion Ignoranz. Aber wir haben es gemeistert ohne von der Militärpolizei verhaftet zu werden. Wahrscheinlicher ist, dass unsere private Mission bekannt war und die Sicherheitsleute belustigt an ihren Bildschirmen saßen und uns bei unserer Suche virtuell begleitet haben.
Schließlich ist es nicht ganz unproblematisch, ein Hobby zu verfolgen, bei dem man präzise Koordinaten und Fotologs im Internet veröffentlicht, und dieses Treiben dann ausgerechnet mitten in einem Hochsicherheitsareal stattfindet. Sicherheitsoffiziere berichteten uns von uniformierten Deppen, die es fertig gebracht hatten, morgens bei Facebook Dinge zu posten, die ungefähr so klangen: „Scheiße um 14h geht's wieder auf Patrouille in den Norden von Kunduz. Keinen Bock ...". Die Taliban sind zwar meiner Meinung nach ideologisch in einem ziemlich vermurks-

ten Paralleluniversum unterwegs, nutzen aber trotzdem leidenschaftlich gern das Internet für Propaganda und Verabredungen. Das ist praktisch, wenn man als Terrorist dann beim Frühstückstee lesen kann, wo es sich lohnt die nächste Sprengfalle zu installieren, ohne wieder tagelang auf potentielle Opfer warten zu müssen. Dann kann man der Frau schnell zurufen: „Ich muss erst heute Mittag los. Noch'n Ei bitte!"

Die Gesichter der Soldaten, die von den gefährlichen Patrouillen nach Kunduz zurückkamen, sprachen eine deutliche Sprache. Die immer präsente Lebensgefahr und die immer wieder stattfindenden Kämpfe mit den Gegnern, die einzig darauf aus sind, die Soldaten mit möglichst tödlichen Angriffen aus dem Land zu treiben, hinterlassen ihre Spuren[3]. In den Wartebereichen am Flugknotenpunkt in Termez konnte ich den Menschen nach einer Weile ansehen, ob sie sich auf dem Hinweg nach Afghanistan befanden oder nach den drei Monaten wieder auf dem Heimweg waren. Bei jenen, die aktiv in Kampfhandlungen verwickelt gewesen sind, konnte ich keine Ausgelassenheit oder überschwängliche Freude beobachten. In sich gekehrt warteten sie auf das Flugzeug, das sie zurück nach Deutschland bringen würde. Ein bisschen bekam ich ein Gefühl dafür, wie schwer es sein muss, nach diesem realen Kriegsleben der letzten Monate, als wäre nichts gewesen, wieder am nächsten Tag zum Supermarkt zu gehen und sich das Gejammer über falsch etikettierte Biojoghurts anhören zu müssen.
Die ausrückenden Soldaten sind aber nur ein Teil der Menschen, die im Ausland ihren Dienst verrichten. Für viele Funktionen in diesem Feldlager ist es überhaupt nicht notwendig und auch

3 Bernhard: Während meines Auftrittes merkte ich die Anspannung, die über dem ganzen Lager liegt. Hinter der Bühne führte eine Straße entlang, auf der die zurückkehrenden Fahrzeuge entlangfuhren. Auch wenn die Soldaten durchaus konzentriert auf die Bühne schauten und sich sichtlich amüsierten, drehten sie die Köpfe jedes Mal zu einem heimkehrenden Konvoi. Man würde immer sofort die Fahrzeuge zählen und schauen, ob sie unversehrt seien, sagte mir einer der Soldaten nachher.

gar nicht möglich, selbiges zu verlassen. Elektriker, Mechaniker, Meteorologen, die Küchencrew und unzählige andere Berufsgruppen bilden die uniformierte Basis für die Funktion des Feldlagers. Und diese Menschen verbringen mehrere Monate nur innerhalb der Mauern dieser militärischen Kleinstadt, die zwar über improvisierte Sport- und Freizeiteinrichtungen und sogar über eine Kirche verfügt, aber selbst dadurch nicht zu einem Ort wird, an dem ich länger als nötig leben wollen würde. Ich vermute, dass sich aus eben diesen die Schar der Geocacher rekrutierte, die sich zahlreich in den dortigen Logbüchern verewigt hatte. Cachen im Lager in Kunduz wird kein effektives Mittel sein, um der drohenden Monotonie entgegenzutreten, dafür sind sechs Dosen in fußläufiger Entfernung für drei Monate doch etwas wenig.

Die Show am Abend war für alle Seiten sehr amüsant. Bernhard verwurstete gekonnt die Erlebnisse und Gespräche des Tages, das Publikum konsumierte wohlwollend seine Worte und einige Dosen Bier, und ich schaffte es, in den Pausen keine Lieder mehr über Explosionen oder aus der „Alle Soldaten sind Mörder" Kategorie zu spielen. Nach der Veranstaltung, als die Technik wieder verstaut war, stand noch ein offizielles und logbares Geocaching-Event auf dem Plan. Als Ort hatten wir nur grobe Koordinaten und den Hinweis, dass man sich in der Hesco-Bar träfe. Zum Glück hatte unser persönlicher Betreuungsoffizier den Auftrag, uns niemals aus den Augen zu lassen, und führte uns durch das stockdunkle Lager. Erst nach einer Weile hatten sich die Augen an die Dunkelheit gewöhnt und ich begriff, dass eine effektive nächtliche Straßenbeleuchtung im Lager weder energetisch noch sicherheitstechnisch eine gute Idee gewesen wäre. Sonst hätte man ja auch gleich Flugblätter in der Region verteilen können, auf denen eine Karte und der Zusatz abgebildet ist: „Um schlafende Soldaten zu treffen, schießen Sie bitte hier hin."
Der sandige Boden knirschte bei jedem Schritt und unsere Stimmen wurden zunehmend leiser auf den leeren Straßen. Eine Ori-

entierung war quasi nicht möglich, da alle Baracken, die Straße und der Graben daneben komplett gleich aussahen. In der Dunkelheit waren auch keinerlei Beschriftungen zu erkennen. Ich überlegte, ob diese Konformität dazu geschaffen war, den Feind zu verwirren, wenn er es denn schaffen würde, die Mauern zu überwinden und das Lager zu stürmen. Immer mal wieder kreuzten ein paar gepanzerte Fahrzeuge unseren Weg. Nach ein paar Minuten empfahl uns unser Betreuer, doch mal den Kopf durch eine Tür am Wegesrand zu stecken, über die ein selbstgemaltes Kneipenschild genagelt worden war. Als hätten wir das Tor zu einer anderen Welt geöffnet, überrollte uns eine Schallwand, die zu 10% aus Stimmengewirr und zu 90% aus einem brachialen Gitarrenriff der Band Rammstein bestand. Uniformierte Frauen und Männer waren bei schummrig funzeliger Discobeleuchtung um eine Theke versammelt und begossen den Feierabend. Nach einem kurzen „Hallo" schlossen wir die Tür und der Spuk war wieder vorbei.

Einige Blocks weiter trafen wir in der „Hesco-Bar" auf unsere uniformierten Plastikdosenfreunde. Diese „Bar" war etwas puristischer ausgestattet. Bierbänke, weiße Zeltbahnen und die auf eine wesentliche Getränkeauswahl (Bier, Cola, Wasser, ...) reduzierte Theke bildeten die Inneneinrichtung. Dafür war die Freude auf beiden Seiten groß, sich kennen zu lernen. Irgendwie scheint die Begeisterung für das Suchen und Finden von Plastikbehältnissen an den unmöglichsten Orten der Welt auf einer bestimmten mentalen Ebene zu verbinden. Als Bonbon war noch ein leicht zu findender Traditional im Biergarten hinter dem Kneipenzelt versteckt.

Nach der offiziellen Sperrstunde des Etablissements wurden wir von den neuen Cachebekannten auf die Terrasse ihrer (guten) Stube eingeladen, wo wir uns über das (Cacher-)Leben vor Ort austauschten. Die Kollegen waren allesamt von der handwerkenden Zunft und hatten somit das Lager nie verlassen. Alles was sie von draußen wussten, wurde per Mundpropaganda durch die Soldaten im Außeneinsatz an sie heran getragen. Mittlerweile

Einer von vielen Flugzeug-Kadavern rund um die Landebahn.

hatten sich noch andere Soldaten aus ihren Kojen geschält und hockten nun mit uns in gepflegter Bundeswehr-Unterbekleidung vor ihrem Domizil. Geocaching war den meisten ein Begriff und damit gab es zu den hier sowieso anfallenden Themen genug Gesprächsstoff für eine viel zu kurze Nacht. Nachdenklich stimmte mich die Verwirrung, als zwei Hubschrauber mit voller Beleuchtung im Landeanflug über uns hinweg donnerten. Die Anwesenden waren sehr besorgt, da die Hubschrauber aus Sicherheitsgründen in der Nacht normalerweise nie mit Licht flögen und schon etwas Ernsteres passiert sein müsse, wenn sie es denn trotzdem täten. Die Soldaten spekulierten über einen misslungenen Einsatz oder einen Angriff auf einen der kleineren Außenstützpunkte. Die Umstände klärten sich für uns auch am folgenden Tag nicht.

Zu sehr später Stunde hatten wir Erbarmen mit unserem übermüdeten Betreuungsoffizier, der uns die ganze Zeit aus Pflichtbewusstsein nicht von der Seite gewichen war und schon nahe dem Wachkoma von seinem Stuhl zu rutschen drohte. Zu unser aller Entlastung begaben wir uns „auf unsere Stube".

Der Rückflug am nächsten Morgen führte uns wieder nach Termez, wo wir während der beiden folgenden Tage diese Eindrücke aus Kunduz in einem weniger bedrohlichen Umfeld verarbeiten konnten, bevor wir wieder nach Deutschland geflogen wurden.

Ich mag Geocaching, weil es mich immer wieder an Orte verschlägt und mit Menschen zusammen bringt, die eine besondere Geschichte zu erzählen haben. Die Tage in Afghanistan und dem usbekischen Termez gehören mit Abstand zu den denkwürdigsten darunter. Zwar blickt mein Cacherherz mit Genugtuung auf diese beiden Länderpunkte, da diese Ziele nicht für Jedermann einfach zu erreichen sind, aber es kommen sofort noch so viel mehr Gefühle und Erinnerungen auf.
Meine Meinung habe ich weder zu meiner Kriegsdienstverweigerung noch zu der politischen Entscheidung, deutsche Truppen in Afghanistan zu stationieren, geändert. Aber die persönlichen Gespräche und Eindrücke vor Ort sind eine wichtige Erfahrung gewesen, da sie durch keine Berichte, die wir gemütlich im heimischen Wohnzimmer durch die Nachrichten wahrnehmen, ersetzt werden können. Auch die Logs und Cachebeschreibungen, die wir teilweise erst im Nachhinein von den besuchten Caches in den Ländern gelesen haben, machen danach einen anderen Eindruck. Das „Viel Spaß beim Suchen und kommt gesund wieder nach Hause!“, das viele der Verstecker den Suchenden im Listing mit auf den Weg gegeben haben, ist nun eines bestimmt nicht mehr: eine hohle Phrase.

Wenn der TB noch in der Tasche ist ...

Angelika Friedrich

Letzten Sommer verbrachte ich gemeinsam mit einer Muggel-Freundin eine „Mädelsurlaubswoche“ in Alanya. Geplant waren ausschließlich Sonne, Strand und Meer, aber als eingefleischte Cacherin wollte ich natürlich unbedingt auch eine bis mehrere Dosen in der Türkei finden – immerhin liegt das Land ja in Asien, einem Fleckchen Erde, das bis dato noch komplett weiß auf meiner GC-Landkarte war. Außerdem hatte ich eigens für den „neuen Kontinent“ einen Travel Bug im Reisegepäck, den ich unbedingt in der Türkei ablegen wollte.

Segnaro

Gefundene Geocaches: 1.619
Geloggte Trackables: 546
Entferntester Fund: GC1WGH9 Dim Cave (Türkei)

„GC ist das vielseitigste Hobby, das es gibt: Es ist niemals langweilig, bietet etwas für jeden Geschmack und stellt einen immer wieder vor neue Herausforderungen, an die man im Leben vor GC nicht einmal Gedanken verschwendet hätte.“

Wie immer hatten wir einen sogenannten „Kulturtag“. Traditionell ist das ein Tag in jeder Urlaubswoche, an dem wir uns ein Museum oder eine Ausstellung ansehen, oder uns andere kulturelle oder geografische Eigenheiten der gewählten Destination zu Gemüte führen. Für dieses Mal überredete ich meine Muggel-Freundin, einen netten, kleinen Spaziergang zur Burg von Alanya zu unternehmen. Das Thermometer zeigte 40 Grad im Schatten und wir waren - wenig überraschend - die einzigen Touristen, die sich durch die Straßen quälten. Auch am durchaus pittoresken, sich bergauf schlängelnden Fußweg zur Burganlage waren wir annähernd allein. Hin und wieder gab es das ein oder

andere Pärchen, das für ein schönes Foto einige wenige Schritte den Weg hinauf schlenderte, aber je mehr Höhenmeter wir zurücklegten, desto weniger Menschen begegneten uns, was zum Cachen ja nicht die schlechteste aller Voraussetzungen ist.
Nach einer etwa 30-minütigen „Wanderung" in der prallen Sonne verlor sich der Weg und ging in unwirsches, felsiges Gelände über. Meine Muggel-Freundin fand bald Schutz und Erfrischung an einem Feigenbaum und teilte mir mit, sie würde gerne noch ein paar Minuten ausharren und warten, jedoch sicherlich nicht zu klettern beginnen.
Ich wanderte also alleine weiter. Mit Sandalen und kurzer Hose ausgestattet (ich war ja auf einen idyllischen Fußweg vorbereitet), folgte ich zielstrebig dem kleinen roten Pfeil auf meinem GPS-Gerät. Dabei überwand ich Felsen, abschüssige Trampelpfade und ließ mich auch von der dornigen Vegetation nicht abschrecken. Das mitgebrachte Wasser hatte ich bereits beim Durchqueren der Stadt ausgetrunken, meine Zunge klebte am Gaumen und der aufgewirbelte Staub machte den Anstieg auch nicht angenehmer.
Ich ließ mich von meinem Ziel aber nicht abbringen – ich wollte diesen Cache, ich war so weit gekommen, da würde ich die letzten paar Meter auch noch schaffen.

Außerdem hatte ich den Travel Bug mit dabei, den ich in der Türkei lassen wollte, und so viele Dosen in der erforderlichen Größe gab es in der Umgebung nicht. Mir war nicht wohl in meiner Haut. Meine Komfortzone, die bei T1 bis T3 liegt, war hier eindeutig überschritten. Was, wenn ich ausrutsche und mir was breche? Kein Mensch würde mich hier finden. Vor meinem geistigen Auge sah ich schon die Berichte in der Boulevardpresse: „Österreichische Urlauberin bei Spaziergang in Alanya spurlos verschwunden." Mir war heiß, ich schwitzte, ich hatte nichts zu trinken, mein Kopf brummte, ich stand mitten im Nirgendwo, allein auf dem Hang einer türkischen Befestigungsanlage, wo scheinbar niemals jemand hinkommt - außer er sucht einen Cache.

„Nur wieder gesund hier runterkommen – nachdem ich den Cache habe", dachte ich.
Nach einer mittleren Ewigkeit erreichte ich die gesuchten Koordinaten. Schweiß tropfte aufs Display des GPS-Geräts und ich japste nach Luft. Die schöne Aussicht tangierte mich fast nicht, ich wollte nur noch zur Dose. Ohne die würde ich sicher nicht wieder hier weggehen und wenn es das Letzte wäre, was ich täte. Nach einiger Suche fand ich sie auch tatsächlich – unter einem Stein, wo sonst? Ich war heilfroh, loggte, machte noch ein Foto von meinem Fundstück und warf den mitgebrachten Travel Bug hinein. Nachdem ich alles wieder verstaut und versteckt hatte, trat ich endlich den Abstieg an.

Auch dieser stellte kein leichtes Unterfangen dar, denn mir fiel die Orientierung im felsigen Gelände nicht leicht und immerhin galt es ja auch, meine Freundin wieder aufzulesen. Als ich sie gefunden hatte, wollte ich nur noch schnell weg hier, zurück ins Hotel, unter die Dusche und dann an den Strand. Allerdings war da noch eine Kleinigkeit – der Rückweg! Und der war, dehydriert und von der Sonne und der Hitze gezeichnet, wie wir es waren, nicht weniger beschwerlich als der Aufstieg. Abgesehen vom Burgberg wollte auch noch der etwa 4 km lange Asphaltweg entlang der Straße zurück zum Hotel zurückgelegt werden.
Gefühlte Stunden später war unser Ziel erreicht und wir fanden uns in der Hotellobby wieder. „Ich logge noch schnell den Cache", sagte ich, „geh du schon mal duschen. Warte, ich geb' dir noch den Schlüssel." Geistesabwesend, da ich mich gleichzeitig schon ins Hotel W-LAN einwählte, kramte ich in meiner Tasche und wühlte mich durch die diversen Utensilien. Moment – ach nein, das war das Schlauchboot … Dann endlich fühlte ich, wonach ich suchte - die Hotelplakette, an der der Schlüssel hing. „Oder - doch nicht, … … Geh bitte, … wo …". Aber was war das eigentlich gerade gewesen? Das war doch … Hm, seltsam. Wieso? Und dann traf mich die Erkenntnis wie ein Dampfhammer: „Das war

Schnell ein Foto vom Fund und dann zurück an den Strand!

ein Travel Bug. Das war DER Travel Bug. Wenn ich den aber noch in meiner Tasche hab, … was zum Teufel hab ich dann da oben auf dem Berg in die Dose geworfen?” Blitz und Donner - kalt und heiß … Entsetzt sah ich meine Muggel-Freundin an, die mir mit ungeduldig ausgestreckter Hand gegenüberstand … „Scheiße, ich glaub, ich hab den Hotelschlüssel in die Dose geworfen!”
Die Diskussion, die dieser Information folgte, erspare ich dem Leser lieber. Das Ergebnis war in jedem Fall eindeutig: Keine zehn Pferde hätten mich dazu gebracht, den Schlüssel von da oben zu holen - dafür war ich nicht nur viel zu geschlaucht und dehydriert, sondern auch viel zu sauer auf mich selbst. Ich schrieb mein Log und zahlte Lehrgeld - 25 Euro - so viel kostete nämlich der Tausch des Türschlosses.

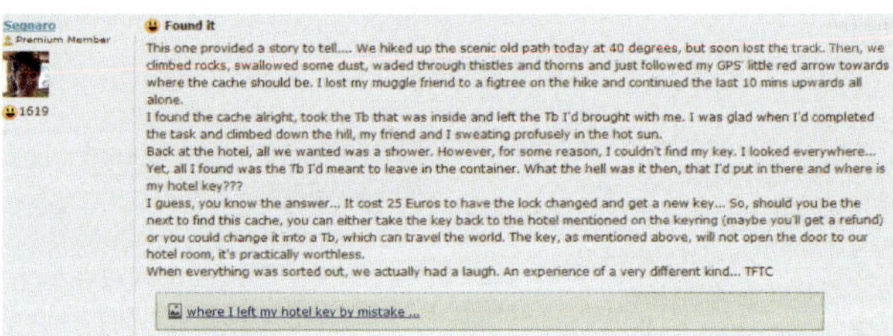

(Quelle: geocaching.com)

ZWEI FRAGEN:
1. BIST DU SICHER, DASS WIR IM RICHTIGEN GEBÄUDE WAREN?
2. GLAUBST DU WIRKLICH, DASS DAS EIN TRAVELBUG IST?

Allein in der Vallachup

Bernhard Hoëcker

Es war einer jener Herbsttage, an denen die Wälder bereits ihr sattes Grün verlieren und der Baum seine Schadstoffe vor die Tür stellt. Diese sind schon längst in die Blätter ausgelagert, die dann beschwert mit Dingen, die niemand mehr braucht, zu Boden fallen.

Tobi und ich saßen bei einem Latte Macchiato zusammen am Küchentisch und sinnierten wieder einmal über einen möglichen Cacheausflug. Natürlich sollte er dort hinführen, wo Menschen vor Jahren aktiv waren, jetzt aber nur noch selten anzutreffen sind.

Wir sind ja bekanntermaßen Freunde der verlassenen Orte und so wanderten unsere Blicke über Karten und Webseiten alter industrieller oder militärischer Hinterlassenschaften. Aus der Fülle an Möglichkeiten, die sich für uns Freunde des Maroden und Verfallenen gerade im Osten unseres Landes auftun, fiel unsere Wahl auf ein altes Schieferbergwerksdorf in Thüringen.

Wir wollten diesmal im Team unterwegs sein. Wenn Tobi mit seinem Fotoapparat stundenlang vor kaputten Fenstern Schatten von Efeu einfängt, bin ich alleine beim Stationensuchen gerne überfordert. Ein wenig Hilfe würde nicht schaden.

So fuhren wir also mit den Fahrzeugen die A4 immer weiter Richtung China, bogen aber frühzeitig auf eine Bundesstraße in Thüringen ab, folgten dann den Anweisungen unseres Navigationssystems und lenkten unsere Wagen auf einen Parkplatz.

Von hier aus würde es losgehen.

Wir sahen ein Cacherpärchen aus einem Wagen steigen und waren leicht enttäuscht. Eigentlich wollten wir hier ungestört unterwegs sein.

Aber wir hatten Glück, dass „zufälligerweise“ einer aus unserem Team den Cache schon mal gemacht hatte und wir uns so in der bequemen Situation des betreuten Cachens wiederfanden. Nach seinem Tipp konnten wir die Anfangsstation einfach überspringen und direkt zur zweiten fahren. Die anderen würden durch den Wald geschickt werden. Kostbare Zeit, die andere zum Ortswechsel benötigten, konnten wir also nutzen, um die Gebäude zu genießen. Und auch die beiden anderen Cacher würden ungestört hinter uns her laufen können.

Wir fuhren einen Feldweg leicht bergauf, der Sand knirschte unter den Reifen. Am Ende des Weges lagen zwei parallel zueinander stehende Gebäude, dazwischen war genügend Platz zum Parken.

Wir verließen die Autos und genossen die Ruhe. Dieser Parkplatz hatte uns nicht nur weg von den Cachern geführt, sondern wir waren jetzt auch soweit von der Zivilisation entfernt, dass das Geräusch der auf der Landstraße fahrenden Autos im Rauschen des Waldes unterging. Ein leichter Luftzug wehte alte Zeitungen und Plastikbecher über den Betonboden, Vögel zwitscherten.

Die ersten zwei, drei Stationen, also Stationen drei und vier, waren allesamt leicht zu finden. Doch als wir uns einen kleinen Pfad zu Station fünf hochbewegten, kamen aus einem Hauseingang, dessen Tür schräg in den Angeln hing, drei Leute heraus.

Im Türrahmen kam es zu einem freundlichen Smalltalk.

„Ach hallo, auch Cacher?“, fragte Tobi sie.

„Ja, schon länger unterwegs, die erste Station war echt schwer.“

„Äh... jajaja. Ziemlich, aber wir hatten Kai... äh... Glück“, rief ich.

„Naja, aber so ist der Pulk hinter euch“, sagten unsere Cacherkollegen und zogen von dannen.

„Danke.“

Pulk? Naja, zwei Cacher. Aber andere sind da ja eher empfindlich, für uns ist das natürlich kein Problem.

Das Gelände ist riesig und zwischen all den verlassenen Gebäuden verteilen sich die paar Cacher, die Spaß haben an dem was sie tun.

Der ganze Lost Place ist ein altes verlassenes Dorf von Schieferbergarbeitern, inklusive eines Schulungszentrums mit Lernstollen und Verwaltervilla.

Das Gelände liegt seit über zehn Jahren verlassen da, die Decken sind eingestürzt, die Dächer waidwund offen und über allem liegt dieser unnachahmlich modrige Geruch vergangener Zeiten.
Wir zogen von Haus zu Haus und trafen nur hin und wieder mal andere Menschen. Der LP ist halt sehr beliebt.
Kurz vor Ende, wir hatten noch zwei oder drei Stationen vor uns, stapften wir einen kleinen Hügel hinauf. Wir blickten über die Kuppe und sahen auf ein weitläufiges Gelände. Während weiter unten die einzelnen Häuser von Bäumen umgeben waren, gab es hier oben eigentlich gar keine hochgewachsenen Pflanzen mehr. Einzelne Büsche standen auf großen Wiesen, hier und da ein Zaun, vielleicht mal eine Hecke und ein paar Pferde.
Und Cacher.
Viele Cacher.
Sie waren eigentlich genauso weitläufig verteilt wie den ganzen Tag über schon, aber hier konnte man alle Gruppen gleichzeitig sehen.

In allen Himmelsrichtungen schritten Menschen in kleineren oder größeren Ansammlungen dahin. Immer hatte einer den Kopf geneigt, um die GPS-Koordinaten zu überprüfen, ein anderer hatte die Cachebeschreibung in der Hand und der Rest latschte meist stumpf hinterher.

Ein einsames Pferd beobachtete die merkwürdige Spezies mit aufrechtem Gang.

Plötzlich hörten wir militärischen Kasernengesang aus dem Wald:

„Wer geht heut die Dosen hol'n?
- Wir geh'n heut die Dosen hol'n!

Welcher Wegpunkt fehlt uns noch?
- Kein einz'ger Wegpunkt fehlt uns noch!"

Eine größere Gruppe Cacher kam aus dem Wald, vorne jemand mit Fahne, auf der riesig das Geocaching Logo prangte, dahinter in Gleichschritt und Tarnmontur eindeutig als Profidosensucher erkennbare Kombattanten.

Wir stutzten und gingen zum nächsten Haus, immer brav in einer Reihe auf der rechten Wegseite, damit wir nicht mit den Entgegenkommenden zusammenstießen.

Doch auch dort wurde es dann eng...
Zum Glück kannten alle Nutzer des unöffentlichen Gebäudes die einfachste und wichtigste Regel öffentlicher Verkehrsmittel: „Erst aussteigen lassen, dann einsteigen". So standen wir in einer Schlange vor dem alten Schrank, der als Tritt benutzt wurde, um durch die Öffnung zu steigen, die das aus der Fassade gebrochene Fenster hinterlassen hatte. Irgendwann dauerte es der Gruppe in Camouflageklamotten zu lang. Sie stürmten einfach rein. Kaum aber war die Fahne durch die Fensteröffnung gestochen, wurde sie von sieben Jungs in Latzhosen wieder rausgeschoben. Wir warteten noch eine ganze Weile bis uns auffiel, dass unfassbar viele Menschen aus diesem Fenster kamen. Mehr als eigentlich ins Haus passten. Irgendwann erschien auch das Pärchen im Fenster, das wir am Parkplatz ganz am Anfang überholt hatten.
Messerscharf schloss Tobi darauf, dass es einen Hintereingang gab, durch den die Menschen in das Gebäude hineinströmten. Wir standen offensichtlich vor dem Ausgang. Kann der Owner das denn nicht wenigstens beschriften...?
Wir schafften es trotzdem ins Gebäude, indem wir wie an Stangen tanzend entgegenkommende Menschen umwanden und wie Limboprofis die Wartenden vor uns unterwanderten. Unsere Leiber bewegten sich grazil aneinander vorbei.
Der Hinweis war leicht zu finden. Vor einer Tür stand eine lange Schlange, die geduldig wartete bis jemand herauskam und freudig seinen wartenden Teammitgliedern zurief: „ICH HAB DIE KOORDINATEN!"

Ich stellte mich mit an. Als ich mich erfolgreich, trippelnd wie ein Riverdancer, durch die Tür geschoben hatte, sah ich, dass sich die Schlange weiter in den Keller fortsetzte. Sie führte in einen Heizungsraum und dort um einen großen Bottich herum. Dahinter befand sich eine Treppe mit gerade mal vier Stufen. Von dort schaute immer wieder einer in die Öffnung, notierte sich etwas und sprang auf der anderen Seite wieder auf den Betonboden. Er verließ den Raum und irgendwann hörte man gedämpft sein: „ICH HAB DIE..."
Einer kam an mir vorbei und ich fragte höflich, ob er mir nicht einfach die Zahlen sagen kann, dann könne ich ja schon weiter. Entrüstet sah er mich an: „Was? Du hast den Sinn vom Cachen wohl nicht verstanden? Mannmannmann! Such selber und wenn de nix findest log nen DNF!" *(*Anm. des erfolgreich cachenden Lektors: Das Kürzel kenne ich auch nicht…).*
So „suchte" ich selbst.

Der Gipfel war allerdings das große Finale der Hightech-Schnitzeljagd in einer großen, mehrgeschossigen Villa. In jedem Raum standen Menschen, überall suchten sie irgendwas.
Stand man länger an einer Wand, um sie etwas genauer zu untersuchen, kam von hinten:
„Entschuldigen Sie bitte, wenn Sie fertig sind, würden wir auch gerne mal!"
Hockte man zu lange vor einem Loch:
„Sie haben vielleicht Zeit, aber wir müssen noch weiter, dürfen wir vor?"
Oder wenn man mit einer Hand an einem Sicherungsseil im dunklen Schacht hing, ertönte es von vorne:
„Sorry, kann ich mal durch? Muss nochmal zurück, wir haben jemanden aus dem Team verloren."
Ich beobachtete das Treiben und wartete auf Gruppen, die einer Frau mit Schirm folgten: „Wenn sie jetzt hier auf der rechten Seite unter das Fensterbrett sehen, finden sie mit Edding geschriebene

Zahlen, das sind sogenannte ‚GPS-Daten'. Diese geben sie dann normalerweise selbst in ihr GPS-Gerät ein. Wir haben das bereits für sie erledigt. Folgen sie mir zu zwei Stellen, an denen wir gleich vergeblich suchen werden."

Und unter all den Menschen waren leider nicht nur junge sportliche Cacherprofis mit Helm, Stirnlampe, Sicherungskarabinern und Handschuhen wie wir, die mit Saugnäpfen an den Fingern und Eispickeln an den Händen geboren wurden. Nein. Ganze Familien mit Kindern und Großeltern tummelten sich in dem mehrere Etagen hohen Gebäude.
Der einzige Lichtblick war das Gebäude selbst, das eine Art selbstreinigende Eigenschaft hatte.
Es fehlten hin und wieder die Böden und Zwischendecken. Wurde es in den oberen Etagen zu voll, leerte es sich dort ganz von alleine wieder. Man musste nur aufpassen, dass man sich selber ständig an der Wand entlang drückte, um einer Karambolage zu entgehen. Dann hörte man irgendwann von weiter innen ein „Aaaaaaahrg" gefolgt von: „Super, Yasmin, hier sind gerade zwei Plätze frei geworden."

So sollte Cachen nicht sein. Wir waren enttäuscht, suchten zwar noch die Dose, aber große Freude stellte sich nicht mehr ein.
Als wir wieder an den Fahrzeugen waren, beschlossen wir, das nächste Mal genauer auf die Auswahl des Lost Place zu achten. Einen, der weiter abseits liegt, einen, der weniger Favoritenpunkte hat, einen, den wir mit unserem Team in Ruhe besuchen konnten - um Stille zu finden und den Thrill der Einsamkeit zu erleben.
So stiegen wir in die Autos und fuhren alle nach Hause. Alle 21.

Phonetische und etymologische Reflexion des Wortes „Geocaching" und seiner Synonyme

Bernhard Hoëcker, Tobias Zimmermann

Das Lexem „Geocaching" gehört sicherlich zu einem der komplexesten Neologismen, mit dem es die Sprachwissenschaft zu tun hat. Zusammengesetzt aus dem griechischen „Geo" (=Erde) und dem englischen „Cache" (=Versteck) existieren verschiedene Varianten der phonetischen Realisation des Begriffs.

Die naheliegende Variante [djschiokäsching], als rein anglizistische Aussprache, wird im deutschsprachigen Raum kaum verwendet.
Weiter verbreitet ist eine französisch inspirierte Variante: [geokasch]. Bis jetzt ist noch nicht hinreichend untersucht worden, wieso eine US-amerikanische Wortneuschöpfung von deutschsprachigen Sprechern französisch verbalisiert wird. Verschiedene Theorien deuten darauf hin, dass es sich vor allem um Menschen handelt, die sich zu melancholischer Akkordeonmusik und Brötchenkrümeln im Halbliterpott Kaffee hingezogen fühlen, und mit der Form der Aussprache ein Stück Frankophonie in ihren Alltag konstruieren. Die Mehrheit der Sprecher verwendet im deutschsprachigen Raum die Aussprache [geokäsching] und bedient sich somit einer Verschmelzung der deutschen und englischen Variante. Das ist natürlich kompletter Unsinn, aber weil die Autoren hier das Wort genau in dieser Variante benutzen und man nicht einer ganzen Nation von [käschern] vor den Kopf stoßen will, wird an dieser Stelle keine weitere Analyse dazu angestellt. Es ist anzunehmen, dass die amerikanischen Schöpfer des Begriffs sich ob der teutonischen Verbiegung des ehemals weichen Anlauts tierisch beömmeln.

Zudem haben sich vor allem unter pathologischen Falschaussprechern und geistig minderbemittelten Provinzlern, an denen eine globalisierende Sprachentwicklung komplett vorüber gegangen ist, diverse Mutationen ausgebildet.
Interessant ist die Beobachtung, wie von der Sapir-Whorf-Hypothese bereits in den 1950er Jahren beschrieben, dass die Sprache das Denken beeinflusst. Somit haben sich auf Grundlage dieser aussprachlichen Vermurksungen teils extreme Formen des eigentlich harmlosen Hobbys ausgebildet.

Geocatching [*geokätsching*]
Hierbei handelt es sich mitnichten um Dosensucher, die einer Plastikbox mit Beinen hinterherrennen, die sich dem Loggen durch Flucht entziehen möchte.
Geocatchen ist eine Variante mit weit intensiverer Körperlichkeit. Schon auf der Suche, aber spätestens wenn die Dose gefunden wurde, wird mit vollem Körpereinsatz weitergespielt, bis der Erste der Suchenden das Logbuch in den Händen hält. Hier kommt dann der eigentliche Kern des Hobbys zum Tragen: Den Gegner auszuknocken.
Der Bodycheck ist das Mindeste, ein gestelltes Bein Standard, den Kopf unter den Arm klemmen schon erweiterte Strategie.
Premium Member sind meist privat krankenzusatzversichert. Schieben, stoßen, schubsen, rammen, halten, zerren, ziehen, schießen, manipulieren, infizieren, boxen, hauen, eliminieren, knuffen, knebeln, würgen, rempeln und rangeln hinterlassen Spuren, die das auf dem Solidaritätsprinzip basierende Gesundheitssystem in seiner jetzigen Form nicht mehr aufzufangen in der Lage ist.
Unter erfahrenen Geocatchern werden heimlich Batterien ausgetauscht, Löcher in Wathosen gestochen und die LED der gegnerischen Taschenlampe durch eine Glühbirne ersetzt.

Spielt man ganz oben in der Liga mit, hat man mindestens bei drei T5ern den Partner vom Seil abgeschnitten, die Höhle hinter sich zugeschüttet und die Tauchflasche in 40 m Tiefe zugedreht. Der Gewinner dieses erweiterten Battles steht immer im Logbuch, der Verlierer bekommt von Groundspeak in der Regel einen Kranz mit Schleife aufs Grab gelegt.

Geocoaching [*geokoutsching*]
Es sind nicht, wie der Name vermuten lässt, junge und dynamisch aussehende Männer, die auf Plastikbehältnisse einreden: „Glaub an dich, DU bist die Dose! DU bist das Objekt der Begierde! Alle! - Wollen! - nur DICH!"
Unter diesem Begriff versteht man Menschen, die anderen Cachern vollkommen kostenlos erklären und beschreiben, wie eine richtige Dose auszusehen hat und wie ein richtiger Cache zu legen ist. Sie kennen die Wahrheit und helfen Anderen, sie auch zu erlangen.
Sie sind mit Leib und Seele bei der Sache und in Besitz der absoluten Weisheit. Sie sind die Priesterkaste unter den Dosensuchern. In ihrem Grünen Tempel gehen sie in Klausur und beraten sich. Jeder hat die Auslegungshoheit über den Cacherglauben. Doch immer wieder kommt es zu großen Glaubenskrisen, die leider schon zu Geochismen geführt haben. Was ist der Sinn des Cachens? Was soll und darf ein Hint? Ist es erlaubt bei Schnee zu Cachen? Und um Himmels Willen welche Feuchttücher sollte man verwenden, wenn es sich nicht vermeiden ließ, ein Stück natürlichen Mooses zu berühren. Dann kann nur noch ein Hohepriester schlichten und so bringt der Moenk wieder Ruhe und Verstand in die Runde.
Eine nicht leicht zuzuordnende Untergruppe der Geocoacher sind die Besserverstecker, deren edukative Intention bisweilen in Frage gestellt werden muss. Und selbst wenn sie meinen, der cachenden Gesellschaft dadurch eine Wissensbereicherung zu vermitteln, gehen sie einem damit fürchterlich auf den Sack!

Geocageing [*geokäitsching*]
Diese Spielart ist wiederum einer auserwählten und mit besonderen Befugnissen ausgestatteten Gruppe von Cachern vorbehalten.
Sie zeigen das Problem der fehlenden Gewaltenteilung in diesem System auf. Sitz der Legislativen, der gesetzgebenden Gewalt, ist in Seattle. Von dort gibt sie die Regeln vor. Die Geocager sind jetzt diejenigen, die per Bestimmung als Exekutive ermitteln und als Judikative Recht sprechen. Anschließend werden Dosen eingesperrt, sie verschwinden einfach von der Bildfläche. Aber es gibt kein mehrstufiges vertikales Rechtssystem, welches eine Revision oder Berufung ermöglicht. Zwar kann man wieder zu Groundspeak gehen und sich beschweren, aber die sind ja bereits Legislative und somit involviert.
Unter ihnen sollen eigene Statistiken kursieren, wer die meisten Dosen mit den wenigsten SBAs zugemacht hat, je mehr Denunziantengesuche man befolgt, desto höher steigt man auf.

Geoscratching [*geoskrätsching*]
Dies ist der zaghafte Versuch, die beiden Freizeitbeschäftigungen Geocaching und Musizieren zu verknüpfen. Nach einer eingehenden und umfassenden Analyse sowie dem Vergleich der Ablaufmuster bei Durchführung der jeweiligen Hobbys sowie der Beobachtung der dazu gehörigen Peergroups wird deutlich: Das hat ja überhaupt nichts miteinander zu tun. Nur die Dosenfischer ignorieren das stoisch. Dabei machen sie einen entscheidenden Fehler: Scratchen ist nicht Zupfgitarrenspielerei!

Geoclashing [*geokläsching*]
Man nehme einen nicht repräsentativen Querschnitt durch die Bevölkerung. Alle Ausgeglichenen, Höflichen, Suchtfreien, Toleranten, Aufgeschlossenen, Nachdenklichen … werden aus der Gruppe entfernt. Den Rest sperre man in einen virtuellen Raum und streiche diesen von außen grün an. Nach kurzer Zeit beginnt

es hier zu brodeln. Individuen verbinden sich mit anderen Probanden zu homogenen Kleingruppen und gehen aufeinander los oder trachten verletzten und mental hinkenden Cachern nach dem virtuellen Leben.

Geocashing [*geokäsching*]
Dies sind die Bösen. Die Teufel. Die Satanisten. Sie suchen eigentlich keine Dosen, sie nutzen das Hobby als Vehikel, um an den schnöden Mammon zu gelangen. Denn sie verdienen Geld mit dem Spaß der Anderen. Mit ihren Ideen docken sie sich an das Unterbewusstsein harmloser Hobbyisten an, pflanzen ihnen Konsumgedanken ins Hirn und am Schluss sind ihnen die Cacher hilflos ausgeliefert. Sie schreiben Blogs und kassieren mit Werbebannern, sie verkaufen Dosen, Logbücher, Magnete und Plastikspinnen.
Einige besonders Skrupellose nutzen ihr technisches Know-How und produzieren GPS-Geräte, welche sie auch noch mit einer vermutlich fetten Marge an die angefixte Cacherschar vertickern.
Aber die Allerschlimmsten schreiben Bücher und verdienen damit mehr Geld als Garmin, Groundspeak und das Geocaching Magazin zusammen.

Danksagung

Wir sagen folgenden Menschen aus ebenso folgenden Gründen Danke:

Jens Freyler, als Cacher und Verleger haben wir ihn vor einigen Jahren kennengelernt und fanden sofort, wir müssten „mal was zusammen machen". Danke dafür, dass daraus so ein spannendes und allcacherumfassendes Projekt geworden ist!
Fritz Ebeling, der das Backoffice unter Kontrolle hält und wir somit entspannt zwischen Industrieruinen und Laubhaufen agieren können.
Renate Dittmann, die als drittes Mitglied des engsten Cacherteams Logistik und Mobilität garantiert. Außerdem hat sie mit ihrem korrigierenden Adlerauge verhindert, dass unsere Texte inhaltlich und orthografisch zu einem D5 Mystery geworden sind.
Pullermann und **Pullerfrau**, **Marioannas**, **Pi Thagoras** und **Kiri**, **Barbie&Brüttler** und **AppendiX87**, mit denen wir oft - wenn auch immer noch viel zu selten - cachen sind. Aber wir sind überzeugt, demnächst wieder einen Termin zu finden. So 2078 …
Volker Dornemann, der mal wieder auf seine geniale Art optisch visualisiert, was wir sprachlich nicht verbalisiert bekommen.
Vielen Dank an **Conny Wolter**, die als Muggel einen Blick von außen auf die Beiträge geworfen hat (wir erklären ihr später, worum es in dem Buch geht).

Tobi dankt **Bruno** und **Steffi**, immer zwischen Tradi und Mystery, D1 und D5, Alltags- und Genusscachen, seid ihr doch die beste Challenge, die man(n) sich vorstellen kann!

Bernhard dankt **Lara** und **Hanna**, die er gedanklich in alle seine Logs einschließt.

KÄLTE
SCHMUTZ
NÄSSE
Sichere deinen Cache – in CLIP & CLOSE!*
emsa
LOG BUCH
Finde den EMSA Cache
52°9.373' N7°33.02'O
Mission Frische
* Hält auch Lebensmittel länger frisch.
Made in Germany
www.emsa.com